선을 긋다

선을 긋다

머메이드

차
례

프롤로그 010

 먹에 스며들다

1. 취미의 가치 018
2. 온 힘을 다해 만개한 벚꽃 021
3. 즐길 수 있으려면 시간을 쌓아라 023
4. 밥과 끼니 사이에서 나를 찾다 027
5. 나를 돌보라는 신호, 우울증 032
6. 민들레 홀씨처럼 자유로운 붓질 038
7. 내 삶의 꽃길은 오늘이라는 믿음 043
8. 먹빛 속에 숨겨진 나의 빛 051
9. 나를 깨우다 055
10. 노을에 실린 삶의 무게 057
11. 이유 없는 낙하는 없다 061
12. 서예로 함께 아우를 수 있기를 064
13. 비탈진 연탄길에 피어오른 먹 향 068

붓을 세우다

14. 서예 키트 제작 074
15. 문자향 078
16. 문자향의 세계를 담다 080
17. 나다움을 찾아 붓을 잡다 082
18. 붓으로 세상의 주인이 되자 085
19. 일상을 바꿀 수 없지만 서예는 나를 변화시켰다 088
20. 서예란 어떤 예술인가? 092
21. 호흡이 안정되는 붓글씨 095
22. 세 가지 스승 098
23. 꿈의 뒷바퀴를 돌아보자 100
24. 무딘 칼끝을 날카롭게 세우다 105
25. 가을의 기다림, 붓끝에 담긴 간절함 108
26. 내가 행복한 일을 할 수 있는 용기 111

 점을 찍다

27. 가볍지 않은 종이 한 장, 책(冊)이 되다 118
28. 악필인데 잘 쓸 수 있을까요? 123
29. 정상에 오르면 보이는 것들 127
30. 그네를 타는 듯한 몰입의 즐거움 131

31. 세상의 가치로 연결해준 것은 사람이다	**133**
32. 마음에 불을 지피는 서예가 되길	**136**
33. 하루	**140**
34. 서예, 나로 존재하는 시간	**142**
35. 불꽃은 별빛으로, 별빛은 먹빛으로	**145**
36. 나의 무늬를 그리는 일상	**149**
37. 나를 막는 것은 바로 나다	**151**
38. 나를 향해 걷는 한 걸음	**154**
39. 그냥 걷듯이 매일 쓰는 것	**157**

선을 긋다

40. 선을 긋다	**162**
41. 마음의 선을 지우다	**166**
42. 영혼을 긋는 한 획	**170**
43. 두 자아의 줄다리기	**175**
44. 휴일 카페에서 나를 만나다	**180**
45. 애쓰지 않아도 아침은 밝아온다	**182**
46. 붉은 먹으로 하루를 깨우다	**184**
47. 문자의 향기, 시의 집	**186**
48. 종이 위에 물든 노을	**189**
49. 마라톤, 끝까지 달리는 마음	**192**

50. 꺾이지 않는 너　　　　　　　　　　　　　　**195**

51. 보이지 않는 길　　　　　　　　　　　　　　**198**

52. 쓰고 싶은 마음이 밀물처럼 밀려오길　　　　**200**

53. 존재의 순간, 획이 그어지는 찰나　　　　　**204**

 선을 넘다

54. 조선 최초의 여성 화가 나혜석을 떠올리며　　**208**

55. 안네가 일기를 쓰던 다락방　　　　　　　　**214**

56. 간헐적 일탈, 나쁜 여자는 어디든 간다　　　**224**

57. 묵묵히 나의 길을 걷는 삶　　　　　　　　　**232**

58. 가보지 않은 길을 가는 1g의 용기　　　　　**237**

59. 선을 넘는 모험은 소통의 향기로　　　　　　**247**

60. 온전히 즐겨야 나눌 수 있다　　　　　　　　**251**

61. 새로운 삶에서 느끼는 행복　　　　　　　　**253**

62. 선을 넘은 선, 새로운 세상에 눈뜨다　　　　**256**

63. 매일의 도전으로 오늘을 적신다　　　　　　**260**

64. 두려움이 물거품처럼 사라지기를　　　　　　**263**

65. 무소의 뿔처럼 혼자서 가라　　　　　　　　**266**

66. 눈 덮인 세상은 걷는 대로 길이 되는 자유를 준다　**269**

여백은 새로운 공간을 보는 시선

67. 텅 빈 화선지를 마주하듯   **274**

68. 붓명, 여백의 아름다움   **277**

69. 여백, 그 사이에서 생명력이 싹튼다   **281**

70. 나를 닮은 붓질   **284**

71. 여백의 공간, 자연을 닮다   **287**

72. 담묵(淡墨)으로 담담하게 쌓아가는 하루   **291**

73. 가장 낮은 바다는 모든 봉우리를 품고 있다   **293**

74. 먹 향을 나누다   **297**

75. 향기는 소리 없이 공간을 채운다   **302**

76. 인생의 가치, 나로 살아가는 현재가 최고의 순간   **304**

77. 다시 봄, 연애 세포를 깨워라   **308**

78. 속도를 내기보다 끝까지 걸을 뿐이다   **312**

79. 나를 내려놓으면 보이는 것들   **315**

 서예, 누구나 시작할 수 있는 법

1. 캘리그라피와 서예   **322**
   -다양성을 수용하고 나만의 차별성을 만들자

2. 서예 도구와 사용법　　　　　　　　　　**324**

　2-1. 문방사우, 붓·종이·먹·벼루
　2-2. 서예의 기초
　2-3. 문자향

3. 선 긋기　　　　　　　　　　**331**

　3-1. 기초 선 긋기
　3-2. 다양한 선 긋기

4. 판본체(版本體)　　　　　　　　　　**335**

　4-1. 자음 쓰기
　4-2. 모음 쓰기
　4-3. 단어 쓰기
　4-4. 글자의 표정 만들기

5. 내가 쓴 글씨로 만든 엽서, 청첩장, 초대장　　**342**

　-캔바·감성공장툴을 이용한 모바일 엽서 & 초대장 만들기

에필로그　　　　　　　　　　**346**

프롤로그

빛바랜 종이를 펼치듯 향수를 일으키는 맛과 추억이 떠오른다. 초등학교 앞 서예학원 입구에서 나를 맞이해준 건 달고나 좌판에서 나는 달콤한 냄새였다. 어릴 적 추억 때문일까. 대학교 때 우연히 서도회(書道會)로 발걸음이 향했고, 나는 지금도 붓을 잡는다.

결혼과 육아로 '나'를 잊어버린 채 살았다. 일상에서 나를 돌보기 위해서는 가족이라는 이름으로 부여된 역할을 잠시 내려놓아야 했다. 그 시간의 틈새로 나를 찾아야 했다. 물에 빠지면 지푸라기라도 잡듯 앞치마를 풀고 붓을 잡았다. 서예는 조용한 일탈이었다. 속박에서 벗어나기 위해, 나로서 살기 위해 붙잡아야 하는 동아줄이었다.

평범한 일상 속에서 나와 너 그리고 우리라는 욕망에 시달리며 하루를 살아간다. 갖고 싶고, 누리고 싶은 욕망은 끝없이 꼬리를 물고 고개를 치켜올린다. 끝이 없는 이 녀석 때문에 잔고는 텅 비어가고, 결국 남는 것은 허기진 마음뿐이다. 그 끝을 채워줄 수 있는 것은 무엇일까. 어디에 있는 것일까. 모든 걸 가질 수 있는 경제력을 갖춘다면 자유로워질 수 있을까.

시간이 삶을 채우는 그릇이라면, 물질은 그 그릇을 채우기에 한계가 있다. 물질이 주는 만족은 단 며칠뿐이다. 하지만 시선을 돌려 그릇을 채우려 하지 말고 그릇을 감싸고 있는 공기에 향기를 더해보자. 아무것도 없는 빈 그릇은 그 자체로 충만해진다. 결핍을 채우려는 욕망은 기본적 욕구다. 하지만 무엇으로 채울 것인가에 집중하느라 우리는 정작 중요한 것을 놓치고 있다.

새벽 산책길. 빗방울이 하나둘 떨어지는 사이로 연꽃 향기가 스며들어 코끝을 스친다. 공기를 감싸고 있지만, 지나치지 않아 자연스럽게 어우러지는 향기다. 내 삶에 스며들어 나누고 싶은 것이 서예였다. 뚜껑을 열면 진한 먹 향이 느껴지지만 붓과 종이, 나를 통해 종이에 스며들어 글자로 태어난다.

붓을 잡는 이유는 무엇일까. '내면의 깊은 곳, 자신이 가장 좋아하는 것을 할 때 난 자유다'라는 작품을 쓰면서 느낄 수 있었다. 내가 하고 싶은 일을, 원하는 시간과 장소에서, 함께하고 싶은 사람들과 할 수 있다면 진정 자유로운 삶이지 않을까.

"범 내려온다/ 범이 내려온다/ 장림 깊은 골로 대한 짐승이 내려온다." 색동 한복을 새롭게 디자인한 옷을 입고 중독성 있는 리듬으로 판소리를 재해석한 이날치의 영상을 안 본 사람은 있어도 한 번만 본 사람은 없을 것이다. 베이스 기타와 드럼에 맞추어 빠른 비트로 가사를 읊조리는 소리꾼은 마치 랩을 하는 것 같지만, 그의 노래 안에는 우리 가락이 녹아 있다. 이날치의 곡 '범 내려온다'는 2020년 한국관광공사 홍보 영상으로 제작되었고, 해외뿐만 아니라 국내에서도 폭발적 관심을 받았다.

폭발적 인기를 끈 이유는 새로움, 신선함 속에 낯설지 않은 익숙함으로 함께 즐길 수 있는 대중성이었다. 서예는 익숙하지 않은 분야이며, 옛사람들이 하던 고리타분한 취미라는 이미지를 떠올리게 한다. 이런 생각을 넘어설 특별함이 필요했다. 붓을 잡고 쓰는 모습에서 '나도 한번 써보고 싶은데'라는 생각이 들게 하려면 어떻게 해야 할까.

서예는 쓰고 싶다는 생각이 들어도 필요한 도구가 있어야 시작할 수 있다는 제약이 따른다. 붓과 먹, 종이가 있어야 가능하기 때문이다. 어느 곳에서도 붓을 들고 편하게 쓸 수 있는, 공간적 한계를 뛰어넘은 것이 내가 제작한 서예 키트 '문자향'이다. 필요한 도구를 담아 이동하기 편리하게 만드는 것이 필요했다. 시제품을 제작하고 직접 사용해보면서 디자인의 변화와 수정을 시도했다.

지금까지 생각하던 서예의 획을 넘는 선, 공간을 넘는 선, 시간을 넘는 선의 예술로 과거에서 현재 그리고 미래를 이어주는 서예를 보여주고 싶었다. 꺼져가는 문화 예술의 한 분야로 전락되는 안타까움을 되살려 문화 트렌드를 만들어가고 싶은 바람이다. 퇴직 후 여가로 즐기는 서예가 아니라 숲으로 캠핑을 떠나듯 마음의 숲, 나만의 케렌시아(querencia)로 떠날 수 있는 것이 서예다.

마흔 끝자락, 도전과 좌절을 반복하며 벼랑 끝에 서 있다. 보이지 않는 길을 향해 한 발 내디딜 수 있었던 것은 '길이 분명 있을 거야'라는 믿음 덕이었다. 나를 믿고 한 발 내디딜 용기가 필요했다. 나는 할 수 없는 일이라고 스스로 선을 그었던 금기를 깨고, 여자로 살아가는 역할을 넘어서야 했다.

아무 생각 없이 자유롭게 다니던 길에 선을 그었다. 선을 그은 이후 선을 넘는 사람은 죽음을 맞이한다고 생각해보자. 선을 넘을 수 있는 용기 있는, 사람은 누구일까. 선 너머에 사랑, 자유 그리고 나 자신을 송두리째 버리고 넘어갈 수 있는 간절함이 있어야 한다.

지금까지 서예를 해온 나는 새로운 도전 앞에 멈칫 서 있는 나를 본다. 의식은 선을 넘어야 한다고 말하지만, 몸이 쉽게 움직이지 않는 나를 발견한다. 넘어설 나의 발자취를 기록하며 선 너머에 있는 당신에게로 발걸음을 옮긴다.

제 1 장

먹에 스며들다

1 취미의 가치

2 온힘을 다해 만개한 벚꽃

3 즐길 수 있으려면 시간을 쌓아라

4 밥과 끼니 사이에서 나를 찾다

5 나를 돌보라는 신호, 우울증

6 민들레 홀씨처럼 자유로운 붓질

7 내 삶의 꽃길은 오늘이라는 믿음

8 먹빛 속에 숨겨진 나의 빛

9 나를 깨우다

10 노을에 실린 삶의 무게

11 이유 없는 낙하는 없다

12 서예로 함께 아우를 수 있기를

13 비탈진 연탄길에 피어오른 먹향

① 취미의 가치

고요

어릴 적 붓을 잡았던 경험은 대학에서 내 발길을 서도회로 이끌었고, 그 시절 마음 한편에 해갈되지 않은 서예에 대한 목마름이 서예 작가로의 길을 열었다. 조용히 혼자 있는 걸 즐기던 내향인인 나에게 책은 단짝이었고, 손을 내밀면 늘 잡을 수 있는 친구였다. 수업이 일찍 끝나는 토요일이면 학교에서 서점까지 1시간 30분은 족히 걸어가야 했지만, 나의 놀이터였기에 발걸음은 설렜다.

여러 겹의 세월을 건너오는 동안 서예는 내게서 차츰 멀어져갔다. 아니, 멀어진 것도 잊은 채 눈앞에 당장 주어진 일로 하루를 꽉 채워가며 여백 없이 살아왔다. 팬데믹으로 멈춰버린 일상에서 잊고 있던 나를 마주한 것은 어느 산책로에서였다. 늘 걷던 그 길에서 무심히 지나쳤던 길모퉁이의 풀꽃이 눈에 들어왔다. 저 작은 풀씨도 눈길이 가지 않는 그늘진 곳에서 꽃을 피워냈구나. '내가 지금 할 수 있는 일은 무엇일까'라는 질문에 발걸음을 멈추었을 때 문득 떠오른 것이 서예였다.

언제 일하게 될까, 두려운 마음과 함께 곧 돌아올 일상을 기다리는 나에게 생기를 불어넣어준 것도 산책이었다. 늘 걷던 일상이 멈춰버린 순간, 탁 트인 하늘을 볼 수 있다는 것과 상쾌한 공기를 마실 수 있는 사소한 일조차 새롭고 감사하게 느껴졌다.

매일 눈을 뜨고 마주 보던 어느 봄날, 나에게 찾아온 변화는 영감을 받아 글을 쓰고 글은 다시 문자를 쓰는 서예로 확장된 것이었다. 취미로 시작하게 된 서예와 무모한 도전으로 시작한 글쓰기가 일상에서 느낄 수 있는 감각을 한 올 한 올 깨어나게 했다.

어느 하루, 햇살이 가지 끝 꽃봉오리에 맺혀 있었다. 봄이 어젯밤 고요히 피워낸 꽃망울이었다. 그 느낌을 '고요'라는 서예 작품으로 표현해보았다. 새로운 감각은 글씨를 선으로 표현하는 서예로 연결되었다.

취미로 시작한 서예 덕분에 초대 작가가 되었고, 글쓰기 경험이 지금 글을 쓰는 나를 존재하게 해주었다. 취미는 새로운 시작을 위한 모험이 되기도 하고, 그냥 좋아서 시작한 일이 직업이 되는 일도 있다. 바로 눈에 보이지 않는다고 해도 결국은 나의 일과 만나게 되는 순간이 생긴다. 이것이 취미의 가치다.

온 힘을 다해 만개한 벚꽃

내 삶에서

가장

아름다운 날은

바로 지금이다

지금

○

새벽 6시, 구름이 내려앉은 들녘 끝. 대지는 오늘을 알리는 붉은 태양을 서서히 토해낸다. 안개 사이로 붉게 물들었던 태양은 밝은 빛으로 바뀌고, 직시하기엔 눈이 부시다. 열을 맞춰 뛰는 발걸음이 경쾌하게 심장을 뛰게 한다. 낮에는 꽃구경을 하는 인파로 북새통이 되리라고 짐작할 수 있을 정도로 아름다웠다. 지저귀는 새소리와 발소리가 귀를 울릴 만큼 고요한 아침이다.

가벼운 발걸음이 무거워질 즈음, 흐드러진 꽃잎은 빛나는 햇살보다 눈이 부시게 만개했다. 동트기 전, 가지마다 눈이 내린 것 같더니 햇살이 비추자 뽀얗고 수줍은 아이의 핑크빛 볼처럼 다른 모습이다. 같은 장소이지만 시간에 따라 달라지는 모습을 여유롭게 감상했다. 낮에 왔다면 느낄 수 없는, 여유 있는 봄날의 꽃구경이다. 9.6km의 벚꽃 길은 천천히 뛰면서 꽃을 보기에 충분했다.

돌아오는 길, 꽃구경을 나온 사람들의 차량이 하나둘 보인다. 만경강을 끼고 길게 줄지어 서 있는 벚나무 가지 끝이 맑은 하늘을 향해 손짓한다. 끝없이 올라갈 듯한 기세로 뻗어 있는 나무들을 보며 한 걸음 한 걸음 앞으로 나아간다. 바람이 불면 하얀 눈꽃이 되어 바닥에 떨어지겠지. 하지만 지금 이 순간, 온 힘을 다해 만개한 벚꽃을 추앙한다.

3

즐길 수 있으려면 시간을 쌓아라

초등학교 앞의 피아노학원, 미술학원이 눈에 들어온다. 시간이 흘러도 변함없이 많은 아이가 다니는 학원인 것 같다. 예전에는 내가 원해서 다녔다기보다는 부모님의 권유로 시작했지만, 대학에 입학하고 수업이 비는 시간에 '혼자서 즐길 수 있는 일이 뭐가 있을까' 생각하다 시작하게 된 것이 수영이었다.

대학 1학년 때 교양 과목을 선택해야 했다. 강의실에 앉아 듣는 것보다는 몸으로 체험할 수 있는 것을 알아봤는데, 볼링·와인·수영 등이 있었다. 볼링은 한 학기 수업을 받았는데, 별 흥미를 느끼지 못했다. 와인은 술을 마시지 못했기 때문에 선택에서 비껴갔다. 다음에 선택한 게 수영이었다. 수영장이 학교 바로 뒤에 있다는 점과 이동 거리가 길지 않다는 점이 좋았다.

아직은 쌀쌀한 3월, 수영장에 들어가

자 차갑지는 않았지만 온몸에 소름이 돋았다. 먼저 물에 팔과 다리, 몸을 적시고 왔다 갔다 움직이면서 온도에 적응해갔다.

첫 수업은 발차기였다. 시원하게 두 다리를 곧게 펴고 수면을 내리치며 왔다 갔다 반복하는 발차기는 생각보다 힘들었다. 이렇게 시작한 수영은, 수업이 종료하고 졸업한 이후까지 3년을 더 배웠다. 덕분에 물을 좋아하는 나를 발견했고, 수영을 할 줄 알게 되었다. 후에 아이들과 물놀이를 즐기며 첫아이에게 수영을 가르쳐줄 수 있었다.

하지만 처음부터 수영에 재미를 느꼈던 건 아니다. 처음에는 '물을 먹으면 어쩌지. 물속에 가라앉을 것 같은데'라는 두려움이 몸을 경직되게 만들었다. 그러다가 어느 순간 두려움을 내려놓고 몸에서 힘을 빼자 자연스럽게 몸이 물 위로 떴다. 중급으로 올라가면서 잘하고 싶은 욕심이 생겼다. 앞으로 빨리 나아가고 싶은 마음에 몸에 힘이 들어가자 힘만 들고 속도가 나지 않았다.

어느 날 수영 강사가 "물을 잡고 끝까지 밀어보세요. 힘을 빼고 물에 몸을 맡겨봐요"라고 말했다. 처음에는 무슨 말인지 아무리 생각해도 이해가 되지 않았다. 늘 손동작에 신경을 쓰며 연습하던 어느 날, 물이 손에 잡히며 뒤로 미는 순간 몸이 앞으로 쑥 나아가는 것을 느꼈다. 그때의 기쁨은 느껴본 사람만이 공감할 수 있다.

　수영을 즐길 수 있게 된 것은 3년이란 시간을 꾸준히 쌓아왔기 때문이다. 취미로 선택한 일도 즐길 수 있으려면 열정을 가지고 시간을 투자해야 한다. 취미로 시작한 일이 직업이 되기도 하며, 꼭 무엇이 되지 않더라도 삶을 바라보는 시각과 태도를 바꿀 수 있는 가치가 있다. 나에게는 취미로 시작한 서예가 그랬다.

　붓을 잡고 멈춘 시간, 창조적 작업이 시작될 때 꿈은 날개를 펼친다. 붓을 잡고서 업으로 삼겠다고 결심했던 20대의 열정은 7년간 끊임없이 종이를 소진하게 했고, 그 덕에 서예 초대 작가가 될 수 있었다. 종이 한 장에 불과한 초대 작가 증서이지만, 매일 수많은 종이 위에 선을 내리그은 나의 노력을 증명해주는 결과물이었다.

　하지만 이 종이 한 장이 나의 삶을 변화시키지는 못했다. 작가로서 창조적인 삶을 선택하고 살아가는 것은 오롯이 나의 몫이었기 때문이다. 책장 속, 지나간 세월은 빛바랜 종이가 되어 나를 잊고 있었다.

　나를 잊은 순간의 알아차림은 시작의 출발점이 되었다. 정작 젊은 시절은 왜 공부해야 하는지 생각도 하지 못한 채 학업에 힘쓰느라 여유가 없었다. 대학 시절은 무엇을 해야 할지 방황하는 시간이었다.

　결국 사회에 나와 일하며 내가 원하는 삶은 무엇인지에 대해 진지하게 고민해보는 여유를 가질 수 있었다. 그 여유의 시간이 바로 취미 활동이었다. 좋아하는 일을 하는 것, 내가 알지 못하는 나를 발견하는 시간. 붓을 잡고 몰입하는 순간, 나를 만날 수 있었다.

4

밥과 끼니 사이에서 나를 찾다

주말에는 딸아이와 함께 도서관에 온다. 시간이 왜 이리 빨리 가는지 벌써 11시가 넘었다. 가족 모두가 눈 비비고 일어나 거실과 부엌을 어슬렁거릴 시간이 아닌가. 도서관 책상 위에 펼쳐놓은 노트북을 덮었다.

"가자, 점심시간이야."

서둘러 짐을 싸서 딸아이와 함께 집으로 향했다.

삶은 밥과 연결된다. 살기 위해 먹고, 맛보는 즐거움을 위해 먹는다. 함께 먹으며 관계를 잇는다. 누구나 밥의 끈에 연결되지 않은 사람은 없다. 그 가운데 유독 결혼한 여자는 밥때를 내려놓기 어렵다.

결혼 후 첫 끼니는 사랑의 눈꺼풀이 씌어 손가락을 베여가며 공들여 만들었다. 사랑의 콩깍지가 벗어질 무렵 아이가 태어나고 불가항력적으로 생명의 존재를 위해 밥을 놓을 수 없게 되었다. 이유식은 어슷썰기로 시작해 깍둑썰기로 끝났다. 서툴던 칼질은 자연스럽게 늘었다. 20년이 흐르니 '오늘은 뭘 먹을까?'보다는 '오늘은 끼니를 어떻게 때울까!'로 바뀌었다.

결혼 전 밥을 해본 적은 있지만 '밥은 엄마의 몫'이라고 무의식적으로 생각해왔다. 하지만 결혼 후 그 당연함을 당연하게 받아들이는 내가 불편했다.

그동안 아무런 대가 없이 내게 요리를 해주신 분들의 위대함이 새삼 내 마음을 두드렸다.

할머니와 엄마는 어떻게 생색도 안 내고 그 많은 일을 해왔던 걸까? 그저 '밥을 차려준다'라는 단순한 표현 아래 모든 걸 음소거 한 채. 모를 땐 몰랐지만, 알고 나니 밥을 먹을 때마다 뭉클하다.

_ 신민경, 〈새벽 4시, 살고 싶은 시간〉 중에서

그 입장이 되어보지 않고 머리로 이해하는 것과 몸으로 느끼는 것은 달랐다. 가정에서 아이를 돌보고, 밥을 하고, 청소하는 일의 주체는 왜 여자가 되어야 할까. 결혼 후 그의 "도와준다"라는 말이 귀에 거슬렸다. "함께 하는 것이지 도와준다고 생각하면 안 되지 않아?" 하지만 돌아오는 말은 "그럼 네가 돈을 더 벌어와. 내가 집안일 할게"였다. 나가서 돈을 벌든, 집에서 가사일을 하든 누구에게나 일에서 벗어나 쉼이 필요하다. 아침에 출근하고 저녁에 퇴근하듯 역할의 옷을 홀가분하게 벗어던지는 시간 말이다.

나는 숨 돌릴 틈 없이 가사일의 굴레 속에서 하루도, 반나절도, 몇 시간도 벗어나기 어렵다는 사실에 숨이 막혔다. 그러다가도 금세 체념했다. 고정된 것을 바꾸기 위해 애쓰고 소모하는 시간을 그저 피하고 싶었다.

명절 풍경은 어머니와 나만이 새벽부터 잠들기 전까지 서서 일하는 모습이었다. 남자들은 차려준 밥을 먹고 낮잠을 자거나 TV 앞에 누워 있었다. 그게 처음엔 몹시 불편하고 거슬렸지만, 바꿀 수 없는 상황임을 깨닫고 이내 체념해버렸다. 하루만 참으면 되는데 괜스레 부딪치고 싶지 않았다.

학교에서 양성평등 교육을 하지만 이론적 교육일 뿐이다. 가정이야말로 아이들이 자연스럽게 성 역할을 배울 수 있는 현장일 텐데 걱정이 된다.

어느 명절날, 가족이 한데 모여 거실이 왁자지껄했다. 웃음꽃이 만개한 가운데 딸아이가 나와 어머니의 얼굴을 흘끔 쳐다봤다. 아직 기성관념이 고착되지 않은 딸아이는 묵묵한 얼굴로 종일 전을 부치거나 수북한 그릇을 설거지하는 모습을 보고는 내게 물었다.

"엄마, 왜 명절에는 엄마만 일해? 나는 결혼하기 싫어."

아이들도 이 부당함을 알고 있구나. 어찌 대답해야 할지 몰라 말없이 미소만 지었다. 딸은 그런 나를 어떻게 받아들였을까? 엄마의 사랑? 온화함? 아니면 체념?

경제활동의 주체가 아닌 여성이 가족 중에서 가사일을 도맡아 할 수는 있다. 나를 힘들게 한 건 하루에 몇 시간만이라도 가사일에서 벗어나 휴식을 당당하게 요구할 수 없다는 사실이었다. 주중에 직장에서 과로와 야근에 시달리는 그가 주말에 낮잠을 자는 것처럼 가사 노동을 하는 여성은 왜 쉴 수 없는 걸까? 숨이 막혔다. 내가 가라앉는 듯했다. 물속에 잠겨 있으면 팔다리를 휘젓고 고개를 들어야 수면 위로 '푸' 하고 숨을 내쉴 수 있다. 그런 저항이라도 하지 않으면 삶은 점차 관성에 젖어 침잠하고 만다. 잠깐이라도 가사 노동에서 벗어나 숨 쉴 틈을 누릴 수 있다면, 나를 찾을 수 있다면 체념으로 가라앉던 삶이 기대로 차오르지 않을까.

내가 원하는 것, 좋아하는 것, 하고 싶은 것에 대해 생각했다.

오래 고민할 필요도 없이 머릿속에 떠오르는 건 서예를 하는 나, 글을 쓰는 나였다.

아이들이 성장하면서 끼니와 끼니 사이에 나는 조용히 선을 넘기로 했다. 주로 주말 새벽이나 아침에 선을 넘는다. 그 시간에 집 안은 고요하다. 그 안정을 깨트릴까 봐 조심스럽게 현관문을 닫고 나선다. 두세 시간 지나면 다시 집으로 돌아가지만, 괜찮다. 글을 쓰든 서예를 하든 오롯이 생각의 주체로서 활동하는 시간, 누군가의 엄마이자 아내가 아니라 '나'로서 깨어 있는 시간. 그 시간에 속박에서 벗어난 나는 새장을 벗어난 새처럼 홀가분하다. 어디론가 훨훨 날아가는 것만 같다.

그 짧은 일탈을 만끽한 뒤 무언가 충만해진 상태로 집으로 돌아간다. 콧노래를 부르며 음식을 만든다. 흰 백지 위에 펼쳐질 또 다른 일탈을 기다리면서. 그 틈새에 붓을 잡고, 글을 쓴다. 붓을 잡은 시간은 엄마와 아내의 역할을 잠시 내려놓고 오롯이 나로 존재할 수 있는 시간이다.

5. 나를 돌보라는 신호, 우울증

첫 출산과 육아를 생각하면 서툴고 부족했던 내 모습이 먼저 떠오른다. 기다리던 임신을 확인한 후 육아 서적을 찾아 읽고, 잠시 쉬었던 요가를 다시 시작했다.

동인(同人)들과 함께하는 전시가 결정되고 만삭에 전시 준비를 하며 붓끝에 실은 마음은 자연스럽게 태교가 되었다. 아이가 태어나기 전까지는 내 의지대로 되었지만, 나의 계획은 출산부터 종이 위에 엎질러진 물처럼 흘러가는 대로 끌려갈 수밖에 없었다.

출산 예정일이 다가오자 새 생명을 맞이할 기대는 두려움에 가려졌다.

'내가 할 수 있을까? 잘 낳을 수 있을까?'

"출산 전까지 많이 움직이고, 쪼그려 앉아 있는 자세가 분만에 도움이 됩니다"라는 의사 선생님의 말에 턱끝까지 차오르는 숨을 참아가며 쪼그려 앉아 화장실

바닥을 문질렀다.

아이를 위해 자연분만을 준비했지만, 출산이 임박하자 계획대로 되지 않았다. 유도분만을 위해 입원한 후 산통이 시작되고 20시간이 지났을 즈음, 나는 발끝에 힘이 들어가지 않을 만큼 탈진한 상태였다. 하지만 허리를 칼로 베이는 듯한 통증과 성인 남자가 내 배를 밟고 지나가는 듯한 통증이 번갈아가며 나를 엄습했고, 어느 순간 까무룩 잠이 들었다. 하얗게 뜨고 갈라진 입술 사이로 가쁜 숨을 뱉었다.

"아이의 호흡이 위험해서 더 기다리는 것은 무리겠어요. 수술하시죠."

차가운 수술대 위, 허리가 끊어질 것 같은 통증이 치닫고 잠깐의 정적이 흐른 뒤 울음소리가 들렸다. 긴 출산의 시간, 힘들어서인지 아이가 예쁘다는 생각이 들지 않았다. 모든 것이 낯설었다. 2주간의 산후조리 후 혼자 해내야 하는 육아가 시작되었다.

출산 후 내 몸과 마음을 돌볼 틈도 없이 아이의 울음소리에 단잠을 떨치고 자리에서 일어났다. 한 달 후 다시 일을 시작하게 되었다. 낮에는 친정 부모님께 아이를 맡기고, 퇴근하면서 아이를 데리고 왔다.

일을 하는 시간이 오히려 나에게는 휴식 시간이었다. 일은 내가 계획한 대로 할 수 있었지만, 육아는 24시간 상시 대기 상태로 긴장하고 있어야 했다. 내가 계획한 일정대로 아이가 먹고 자지 않기 때문이었다. 아이를 돌보는 일은 화장실조차 마음대로 갈 수 없게 만들었다. 퇴근 후 아이와 집에 가며 오늘 밤도 잠들지 못할 것을 생각하면 숨통이 조이는 것 같았다.

하루는 울음을 그치지 않는 아이를 안고 그와 함께 차에 올랐다. 아이는 언제 울었나 싶게 조용히 잠들었다. 하지만 집에 돌아와 눕히면 다시 울기 시작했다. 이런 날이 지속되자 그와 나는 자주 다투게 되었다. 어느 날은 우는 아이를 달래지 못하는 내가 답답해 아이를 등에 업은 채 목 놓아 울었다.

그는 "애가 뭔가 불편하니까 울 거 아니야. 모르겠으면 책이라도 찾아보고, 병원에 가서 상담이라도 좀 받아봐"라며 해결책을 찾아보라고 핀잔을 주었다. 답답함은 눈덩이처럼 커져갔고, 나는 자주 울었다. 이런 내 모습을 보며 그는 짜증을 내고 집에 들어오기 싫다는 말을 수시로 했다. 그게 산후 우울증이었다는 것을 시간이 한참 지난 뒤에 알게 되었다. 하지만 당시에는 나도, 그도 알지 못했다.

엄마라는 새로운 역할을 감당하기가 버거웠던 것 같다. 삶의 모든 것이 아이 중심으로 바뀌었다. 퇴근 후 저녁을 준비하던 손길은 이유식을 만드는 일로 분주해졌다. 다음 날 아이가 먹을 밥을 만들어 소분해 담고 나면 체력이 바닥났다. 김치찌개를 겨우 끓여서 그의 식사를 준비하고, 한 수저 뜨기가 무섭게 아이는 울기 시작했다. 그의 품에 안겨 다시 잠이 들었지만, 차갑게 식은 밥알은 목구멍에 걸려 넘어가지 않았다.

내 의지대로 할 수 없는 시간은 우수수 빠지는 머리카락을 바라보는 것 같았다. 한 줌씩 빠지는 머리카락, 푸석한 피부, 잠을 자지 못해 푹 들어간 눈꺼풀 아래 초점 없는 눈동자…. 나는 마시지도 못하는 커피에 의지해 마지못해 몸을 일으켰다.

붓을 잡지 못한 시간이 길어지면서 다시 나를 찾고 싶었다. 마침 그때 선생님을 중심으로 함께 서예를 공부한 학인(學人)들과 '천자문(千字文)' 전시를 계획하게 되었다. 토요일 하루 그에게 아이를 부탁하고 붓을 잡는 시간은 마치 연애 시절 거울 앞에서 이 옷 저 옷 입어보며 그를 만나러 가기 전의 설렘처럼 마음이 부풀어 오르게 했다.

'내 심장을 다시 뛰게 하는 것이 서예였어.'

정해진 시간에 계획한 분량을 끝내야만 했기에 나에게 주어진 시간은 소중했고, 그런 만큼 순식간에 지나갔다. 일상에도 변화가 찾아왔다.

토요일 전에 써야 할 내용의 글자를 공부하고 자형을 구상해 놓아야 했다. 차로 이동하는 시간에는 사전에서 찾은 글자의 자형을 보고 문자의 조형을 만들어보았다. 아이가 잠든 시간에는 한 장의 종이에 들어갈 문장의 글자를 배치하고 노트에 미리 써 보았다. 한 글자만 빠져도 다시 써야 했기 때문에 미리 써보는 시간은 중요했다.

아이가 잠에서 깨어 올 때는 아기띠를 이용해 안으면 다행히 두 손이 자유로웠다. 그렇게 시간 가는 줄 모르고 있다 보면 어깨가 저려왔다. 잠든 아이를 자리에 눕히고 다시 책을 보다가 책상 위에서 잔 단잠은 다디달았다. 몸은 힘들었지만 한 장씩 완성된 작품이 쌓여가자 성취감과 더불어 내 존재의 이유를 찾을 수 있었다. 대학원에서 공부한 문자학을 바탕으로 초나라 죽간 형식의 초간 천자문을 써나갔다.

2009년 12월 4일부터 10일까지 전주시에 자리한 한국소리문화의전당에서 70×200cm 크기의 종이 서른두 장에 천자문을 모두 쓰고 드디어 전시를 하게 되었다. 전시장 한쪽 벽면을 꽉 채운 서른두 장의 글씨 하나하나는 바로 나 자신이었다. 붓을 잡은 순간은 나를 다시 찾을 수 있는 치유의 시간이 되었다. 혼자가 아니라 뜻을 함께한 동인이 있어 끝까지 할 수 있었다. 그리고 무엇보다 내 시간을 쓸 수 있도록 주말마다 아이를 돌봐준 그 덕분에 가능한 일이었다.

나에게 한정된 시간, '아이가 잘 있을까'라는 걱정을 내려놓고 지금 내가 할 수 있는 일, 붓끝에 집중했다. 오늘까지 끝내야 할 작품을 쓰는 데 집중할 수밖에 없었다. 우울이라는 감정은 내가 나를 돌보지 않을 때 스며들었다. 우울은 어쩌면 나를 돌보라는 신호를 보내는 반사작용이지 않았을까.

⑥ 민들레 홀씨처럼 자유로운 붓질

민들레
홀씨처럼

주말 아침, 창문을 열자 지저귀는 새소리를 타고 살랑살랑 들어오는 바람이 간지럽다. 5시 30분이면 스르르 눈이 떠진다. 아껴둔 사탕을 꺼내 먹듯 주말 아침이 기다려진다. 가족 모두가 잠들어 있는 시간, 여유롭다. 새벽길을 달리고 집에 들어와도 아직 고요하다.

간단히 아침을 챙겨놓고 문자향(文字香)을 준비해 가까운 공원으로 나간다. 점심까지는 자유로운 시간이다. "엄마 나갔다 올게. 12시쯤 올 거야. 먹고 싶은 거 있어?" 잠결에 대답이 없는 아이에게 속삭인다. "먹고 싶은 거 있으면 카톡에 남겨줘." 조용히 방문을 닫고 나온다.

뜨거운 햇살을 반쯤 가려준 산책길 옆 벤치가 반가웠다. 문자향을 펼치고 붓을 잡자 어디선가 플루트 소리가 들려왔다. 귀에 익은 선율에 주변을 살펴보니 텐트를 치고 휴일을 즐기는 사람들 중에 연주하는 한 여자가 보였다. 텐트 안에서는 아이가 휴대폰을 보고 있었고, 그녀는 텐트 앞 의자에 앉아 연주에 집중하고 있었다. 곡을 연주할 정도라면 보이지 않는 시간이 쌓인 결과이지 않을까.

'10월의 어느 멋진 날에'를 연주하는 그녀의 뒷모습에서 내가 겹쳐 보였다. 아직 유치원에 다니는 아이를 데리고 일주일에 한 번씩 선생님에게 서예를 배우러 다니던 모습이 떠올랐다. 그가 퇴근 후 아이를 봐주었지만, 일이 있을 때면 아이를 데리고 갈 수밖에 없었다. 한 주간 쓴 글씨를 신문지에 말아 가방 귀퉁이에 꽂은 뒤 아이의 손을 잡고 단호하게 말했다.

"엄마가 공부하고 있을 때 방해하면 안 돼. 간식 먹고 그림 그리면서 놀고 있어."

"네, 엄마."

귀여운 목소리로 대답하는 아이의 해맑은 얼굴을 보며 미소를 지었지만, 시간이 지나면 집에 언제 가냐고 자꾸 물어볼 것을 알았다. 눈은 글씨를 쓰는 선생님의 붓끝에 집중해 있다가도 집에 빨리 가자고 보채는 아이를 안아주고 어르며 서 있는 나를 바라본다. 여기 서 있기 위해 큰아이의 저녁밥을 챙겨놓고, 일이 끝나면 유치원에 있는 아이를 데리고 부지런을 떨어야 했다. 밥과 집안일은 나와 떨어질 수 없는 그림자처럼 늘 따라다녔다.

숨을 깊게 들이쉬고 물속으로 뛰어드는 일상에서 붓을 잡는 시간은 내가 숨 쉴 수 있는 해방의 시간이었다. 엄마와 아내의 역할을 내려놓고 몸의 감각을 가느다란 붓끝에 모으고 몰두하는 창작은 마치 문을 열고 다른 세상으로 향하는 느낌을 주었다. 나의 세계로, 내가 살고 싶은 순간으로.

붓끝을 응시하다 보면 삶의 초점이 명확해졌다. 내가 하고 싶은 것, 생각하는 것, 좋아하는 것을 맘껏 표현할 수 있는 세계. 획 위로 생각이 넘나드는 세계. 문자의 향기에 스며들었다. 서예가로 살아가는 삶을 동경하게 되었다.

그늘진 평상 위에서 커피를 마시는 중년의 부부와 강아지를 산책시키는 학생, 유모차를 밀고 손녀와 함께 나온 할머니까지 여유로운 풍경이다. 같은 공간, 같은 시간 속에서 여유를 즐기는 방법은 모두 다르지만 하늘이 트이고 푸른 나무가 넘실대는 자연에 자신을 풀어주는 시간을 만끽하는 듯했다. 이들도 나처럼 기다려왔을까? 하늘을 향해 손을 뻗치는 가지들처럼 온전한 '나'로서 숨 쉴 시간을.

붓을 잡은 나의 시선이 산책길 끝의 민들레 홀씨에 머물렀다. 바람과 함께 여행을 떠나는 민들레 홀씨가 자유로워 보였다. 홀씨가 여행을 떠나 외롭게 남아 있는 줄기, 반은 날아가고 반만 남아 있는 민들레 홀씨, 둥글게 완벽한 집을 지은 홀씨는 때를 기다릴 뿐이다. 자신이 올라탈 바람을 기다리는 시간. 그냥 날아갈 수 있는 것이 아니다. 척박한 땅속에 뿌리를 내리고 쏟아지는 비에 수없이 흔들리며 피워낸 노란 꽃잎. 자신을 송두리째 내려놓고 떠난다는 것을 안다.

꽃을 피우고 씨앗으로 또 다른 여행을 떠나는 홀씨. 홀씨는 자유롭다. 자유란 무엇일까? 나를 속박하는 것에서 벗어나 민들레 홀씨처럼 온몸으로 미지의 세상을 향해 뛰어드는 가벼움. 발랄한 용기에서 오는 게 아닐까? 말수 없고 남 앞에 나서지 않는 내가 밖에서 붓을 잡고 있다니. 나 아닌 나로 있는 순간이었다.

결혼 후 아이를 만난 건 소중한 일이지만, 일상의 모든 것이 아이 중심으로 바뀌었다. 그리고 불가항력적 힘으로 나를 옥죄었다. 나를 놓지 않기 위한 이기적 행동은 나의 숨길이었고, 또 다른 나를 찾기 위한 여정의 시작이 되었다.

12시 종이 울리면 누더기 신세로 변하는 신데렐라에게 한정된 시간은 나를 바꾸는 마법의 시간이 되었다. 넉넉지 않지만 내 삶을 바꿀 마법의 시간을 간절하게 만들어간다.

이곳의 바람과 공기, 초록으로 가득한 산책길은 붓을 잡는 나를 새롭게 한다. 종이 위에 내려앉은 햇살이 붓끝을 따라 움직인다. 햇살을 담은 먹물은 푸른빛을 머금고 종이 위에 문자로 드러난다. 날씨와 지금 앉아 있는 공간의 조화다.

홀씨처럼 자유로운 붓질로 나를 써 내려가는 순간이다.

내 삶의 꽃길은 오늘이라는 믿음

내
인생의 꽃길은

오
늘

제1장 먹에 스며들다

어느 봄날이었다. 가지 끝에 연초록 새순이 돋아 오르듯 까맣게 변했던 발톱이 빠지고 그 자리에 얇고 연한 새 발톱이 자라나고 있었다.

한 달 전이다. 합천벚꽃마라톤대회에 참가해 42.195km를 뛰는 날이었다.

왜 힘들게 달리는 것일까? 마라톤은 달리면서 동시에 포기하고 싶은 나와의 끊임없는 줄다리기였다. 글을 쓰면서 글쓰기의 고통을 놓아버리고 싶은 나, 붓을 잡고 보이지 않는 길을 걷는 자신을 놓아버리고 싶은 나와 닮아 있었다. 하지만 한계를 넘는 순간 모든 것을 내려놓고 나의 존재를 느끼게 된다. 한계를 넘어선 '희열'과 나를 억압하고 있는 것들에 대한 '저항'이며, '나'라는 겉모습을 내려놓는 것이었다.

허물을 벗듯 내 껍질을 한 겹 벗어버리고 싶었다. 엄마로서, 여자로서 부여된 역할이 꼭 해야 하는 일이었다면 하고 싶은 것들을 위해 잠시 내려놓고 싶었다.

내 모습이 보이지 않아
앞길도 보이지 않아
나는 아주 작은 애벌레

살이 터져 허물 벗어

한 번 두 번 다시

나는 상처 많은 번데기

추운 겨울이 다가와

힘겨울지도 몰라

봄바람이 불어오면

이제 나의 꿈을 찾아 날아

날개를 활짝 펴고

세상을 자유롭게 날 거야

노래하며 춤추는

나는 아름다운 나비.

- 윤도현의 노래 〈나는 나비〉 중에서

  첫 시작은 산책이었다. 산책은 다림질과 같았다. 답답한 마음을 꺼내 탈탈 털어 빨랫줄에 널면 넉살 좋은 햇살이 다림질을 하듯, 산책을 하다 보면 나도 모르게 서서히 삶의 구김살이 펴졌다. 깊어진 주름을 펼 수는 없어도 주름진 마음은 내 힘으로 펼 수 있었다.

  매일 달리고 운동을 하는 나에게 그는 '운동 중독'이라며 못마땅한 표정을 지었다. 퇴근 후 저녁을 준비해 아이들과 함께 밥을 먹은 후 거실에 다 같이 모여 TV를 보는 평범한 일상을 바랐다. 그 삶도 나쁘지는 않다. 다만 내가 더 이상 그 삶을 원하지 않을 뿐이었다.

2월, 차가운 밤공기에 옷깃을 여미는 날씨였다. 오후 8시 30분에 센터에서 운동을 마치고 마라톤 풀코스에 참가하기 위해 동네 산책길 7km를 매일 달렸다. 집에 도착하면 녹초가 되어 잠이 들었다.

합천벚꽃마라톤대회 참가 대열에 서서 운동화 끈을 세심하게 조율하며 발에 맞춰 마지막 끈을 조여 묶었다. 풀리지 않게 묶는 신발 끈에 내 마음도 함께 단단히 묶었다. 운동장에서 스트레칭으로 몸을 풀고 난 후, 시험 전 화장실에 가고 싶은 심정처럼 떨리는 긴장감에 화장실을 두 번이나 다녀왔다. 그리고 드디어 출발선에 섰다.

5, 4, 3, 2, 1. 출발!

경기장 트랙을 돌아 문을 빠져나오자 도로로 이어지는 길을 따라 달렸다. 하늘을 찢는 함성과 응원, 달리는 힘찬 발걸음이 심장을 두드렸다. 수많은 선수가 우리를 제치고 나아갔지만, 평소 페이스를 유지하며 가볍게 뛰었다. 풀코스를 처음 뛰는 오늘의 목표는 부상 없이 5시간 안에 완주하는 것이었다.

도로로 진입하자 도로변에 벚나무가 줄지어 서 있고, 아직 만개하지 않았지만 하얗게 핀 벚꽃이 파란 하늘 아래 햇살을 받아 조명을 켜놓은 듯했다. 10km 구간을 넘어가자 이미 첫 번째 반환점을 돌아 달려오는 프로 선수들이 보였다. 달리는 자세에서 프로 선수라는 것을 감지할 수 있었다. 그중에 까만 피부색을 가진 외국인 선수는 발걸음을 뗄 때마다 갈라지듯 움직이는 선명한 근육이 마치 경주마를 보는 듯했다. 그 선수가 이번 대회에서 1등을 차지했다.

오늘 참가한 대회의 마라톤 코스는 벚꽃 길을 따라 달리다 황강이 보이면서 오르막길로 이어졌다. 황강과 깎아낸 듯 날카로운 암석이 보여주는 산을 배경으로 달리는 시간이 지루하지 않았다. 다시 벚꽃 길이 이어지고 바람이 불어왔다. 바람이 흔드는 가지 사이로 핑크빛 꽃잎이 날리고, 강물 위로 일렁이는 햇살과 산 뒤로 끝없이 펼쳐진 파란 하늘이 눈앞에 나타났다가 내 발걸음 뒤로 사라졌다.

드디어 첫 번째 반환점을 도는 순간, 산그늘에 가려진 도로 위 공기가 서늘하게 와닿았다. 내리막길을 따라 달려 내려오는데 무릎에 통증이 느껴졌다. 다행히 평지를 걷자 괜찮아졌다. 중간중간 음수대에서 음료와 물로 번갈아가며 목을 축이고 뱉었다. 물을 많이 먹으면 배가 아파 뛸 수 없을 것 같았다.

풀코스 2차 반환점을 향해 진입했다. 20km를 지나고 있었다. 마을로 들어가니 농협 앞 화장실이 보였다. 화장실에 들러 목을 적시고 다시 달렸다. 이제 오르막길. 앞서가는 팀원들을 따라가기 버거웠다. 하지만 나만 뒤처지면 끝까지 가기 어려울 터. '하나, 둘, 하나, 둘' 속으로 되뇌며 한 발 한 발 힘을 실어 나아가자 앞에 달리는 팀원들이 보였다. 나는 좀 더 힘을 냈고, 그들과 합류할 수 있었다.

2차 반환점은 30km 구간. 반환점까지 가는 구간은 더디고, 지루했다. 반환점을 돌아 나오자 지루한 마음보다 이제 얼마 남지 않았다는 기대감이 커졌다. 하지만 경사가 있는 오르막과 내리막이 반복되자 자석이 내 발을 끌어당기는 것 같았다. 분명 내 발인데 내 발이 아닌 듯 한 발 한 발 내딛는 것이 돌덩이를 들어 올리는 것처럼 무거웠다.

드디어 35km 지점을 지났다. 이제 7km 남았다. 평소 연습하던 거리만큼만 뛰면 되었다. 하지만 거리가 줄어들수록 다리가 점점 무거워졌다. 이제 남은 거리는 2km. 발가락 끝이 한 걸음 뗄 때마다 바늘로 찌르는 듯했다. 다시 팀에서 조금 뒤처졌지만, 그래도 따라가고는 있었다.

눈앞에 운동장이 보였다. '한 발만 떼자.'

"하나, 둘! 하나, 둘!" 구호에 발걸음을 맞춰 한 발씩 나아갔다. 그렇게 내 발걸음에 집중했다.

"와~ 힘내라. 파이팅!" 하늘을 찢는 응원의 함성이 들려와 고개를 돌려보니 10km 코스에 참가한 팀원들이 뜨거운 응원을 보내고 있었다. 드디어 운동장 문이 보였다. 나는 남아 있을까 싶은 힘을 쥐어짰다. 팀원들이 휴대폰을 들고 영상을 찍으며 함께 달려주었다.

끝을 향해 한 발을 내딛었다. 피니시 라인이 눈앞에 보였다. 함께한 팀원들의 손을 잡고 끝을 향해 내딛는 한 걸음. 마침내 완주했다. 팀원들의 얼굴을 마주하자 젖은 눈망울에 함께 달린 시간이 비쳤다. 처음 30km를 달리며 숨이 턱까지 차오르고 종아리가 터질 것 같은 통증에 '할 수 있을까?' 의심했지만, 너와 나의 발걸음이 서로에게 힘이 되어 달릴 수 있었다. 뜨겁게 벅차오르는 눈물은 할 수 있다는 믿음으로 기억될 것이다.

4시간 47분 풀코스 완주. 그동안 달려온 시간의 축적이 이 순간을 만들어주었다. 가슴이 뭉클했다. 한계를 넘어본 시간, 완주의 끝에서 또 다른 시작을 열 수 있는 용기를 얻었다. 나를 넘어설 수 있는 힘이다.

마라톤을 해보니 인생과 닮았다는 생각이 든다. 빨리 달리는 사람을 보면 불안해져서 죽기 살기로 따라가려 애쓰는 삶과 같다. 하지만 삶 전체를 바라보면 속도가 중요하지 않다는 것을 알 수 있다. 빨리 달리면 언젠가는 지쳐서 걷게 된다. 중요한 건 멈추지 않고 내 속도로 끝까지 달리면 완주할 수 있다는 사실. 그것을 우리는 간과할 때가 있다.

내 삶의 주인은 나다. 타인과 비교하며 주눅 들 필요도 없고, 내 인생의 꽃은 언제 필까 조급해할 필요도 없다.

내 인생의 길에 내리막이 있다면 언젠가는 오르막이 나올 것이고, 바람 부는 날이 있으면 찬란한 햇빛이 비치는 날도 반드시 있을 것이다. 흐드러진 벚꽃 길을 뛰면서 내 인생의 꽃길이 오늘이라는 믿음으로 한 발 내딛어본다.

8 먹빛 속에 숨겨진 나의 빛

어젯밤 어둠을 갈기갈기 찢었던 우레가 무색하게도 햇살이 따가운 아침이다. 오랜만에 비가 그친 하늘이 반가워 운동화에 발꿈치를 반쯤 넣은 채 밖으로 나왔다. 눈에 들어온 풀들이 땅에 머리를 곤두박질치고 있는 모양새가 지난밤 비가 쏟아진 걸 말해주었다. 풀잎마다 맺힌 빗방울이 햇살을 수놓고 있었다.

구름 사이로 햇살이 나오자 매미 울음소리가 뜨겁게 귓가를 찌르고, 한여름 더위는 목덜미를 후끈 달아오르게 했다. 수위가 높아진 호수에는 코끼리 귀만큼 널찍한 연잎이 수면 위를 덮고 있었다. 연잎 위에 방울방울 올라앉은 진주알들이 비가 왔음을 짐작하게 할 뿐. 뜨거운 태양을 피하고 싶은 듯 개구리밥이 수면을 덮고 호수 끝까지 이어져 있다.

지난밤 무섭게 쏟아지던 폭우처럼 두려움은 예고 없이 찾아왔다. 그와 쌓인 감정이 터지고 말았다. 변화를 위해 시작한 새벽 기상이었지만 가족과의 생활 패턴은 점점 멀어져 갔다. 가족을 힘들게 하고 싶은 마음은 없었지만, 나의 손길이 닿지 않자 불편함이 남게 되었다. 서운함은 서로의 감정에 상처를 남겼다. 상처가 아물기를 기다렸지만, 곪아서 터지기 직전 "이렇게 살려면 그만하자"라며 그가 상처를 드러냈다.

그의 마음을 이해했지만, 나는 더 이상 예전의 나로 돌아갈 수 없었다. 내 생의 마지막이 될 수 있는 기회를 놓치고 싶지 않았다. 믿음이 산산이 부서지며 하늘을 가르는 섬광에 불안감이 엄습해왔다. 시커먼 먹구름에 가려진 하늘처럼 잿빛으로 물들어 본래의 빛을 잃어버렸다. '지금 내가 뭘 하고 있는 거지?' 나는 멈춰 섰다. 나 때문에 모두가 불행하다니! 내 발목을 스스로 잡고 있었다.

바람에 실려온 연꽃 향기가 그윽하게 마음을 가라앉힌다. 한복 치마의 끝자락을 살짝 들어 올리듯 연잎의 뒷자락이 바람에 차례로 나부끼는 모습이 부채춤을 추는 것 같다. 바람에 연이어 일렁이는 연잎의 춤사위다. 뜨거운 햇살을 견디기 힘들어 제 몸을 뒤집는 것 같기도 하다.

한여름의 꿈인 듯 낮게 또는 높게 비행하는 잠자리 떼가 가을이 머지않았음을 예고한다. 쑥 올라온 키 큰 연잎은 뜨거운 햇살을 가리고도 남을 여유로움으로 수면 위에 시원한 그늘을 만들어주었다. 그늘 사이로 물오리 한 쌍이 유유자적하며 쉬고 있다. 커다란 연잎에 가려진 수면 위에 떠 있는 또 다른 연잎과 꽃대를 보았다. 곧 만개할 꽃봉오리가 연잎 사이로 자신을 드러내지는 않았지만 향기로 알 수 있었다.

바람에 일렁이는 연잎, 뾰족한 가시를 가진 줄기, 진흙 속에 뿌리내린 연은 향기를 담은 꽃봉오리를 통해 그윽하게 퍼진다. 각자의 역할이 다르듯 뿌리와 줄기 그리고 잎은 연꽃을 피우기 위해 저마다 제 역할에 최선을 다하고 있다. 자연은 때가 되면 모든 것을 내려놓고 소멸한다. 연 또한 자신의 뿌리를 잊지 않고 이듬해 연꽃을 다시 피우기 위해 진흙으로 돌아간다.

먹빛 속에 숨겨진 나의 빛을 오늘도 바라본다. 종이 위의 한 획, 부족해 보이는 선, 마음에 차지 않는 글자를 보며 다시 한 획을 그어본다. 늘 그 자리에 있는 호수를 바라본다. 되돌아보니 한 뼘 뿌리를 실하게 키워냈다. 매일 같은 일상이지만 같은 날은 하루도 없었다. 호수 가까이 다가서자 연잎이 눈앞을 가렸다. 내 일에 가려 그의 상처를 보지 못했다. 텅 빈 공간을 향기로 채우듯 서로의 마음을 따뜻하게 바라보자.

비탈길을 오르니 넓게 펼쳐진 호수가 한눈에 들어온다. 연잎의 춤사위가 사그라지고, 꽃을 피우고, 씨앗을 맺고, 소멸하는 변화에도 진흙 속 뿌리는 자신을 잊지 않고 다시 피워낼 것이다.

9 나를 깨우다

붓의 도구적 목적은 쓰기 위한 것이다. 나뭇가지로 흙 위에 쓰며 기록을 남기고 싶었던 욕망이 붓을 만들었다. 부드러운 터럭에 힘을 실어 쓰는 글씨는 활자를 통해 기록하는 기능을 넘어 쓰는 이의 생각과 영혼을 담는 과정이다.

엄마, 아내 그리고 일터에서의 나의 위치와 역할은 매일 나를 기계적으로 움직이게 했다. 위기는 일을 할 때가 아니라 일을 멈출 때 드러났다. 팬데믹으로 생활이 멈춰버린 시간은 도구적 존재로서의 역할을 멈추게 했다. 멈춰버린 일상은 허탈감으로, 시간적 여유는 불안감으로 나를 엄습했다. 내면에 숨어 있던 불편한 나를 마주 보게 된 것이다. 삶의 도구적 역할만으로 허탈감을 채울 수 없었다. 스스로 욕망을 끝없이 찾아가며 변화하는 것, 그 자체에서 삶의 의미를 찾을 수 있었다.

자아의 욕망을 채우고 싶은 '나'를 알

아차리는 것에 우리는 불편함을 느낀다. 타인과의 만남, 의미 없는 술잔의 기울임, 게임과 영화 감상 등으로 잠시 자신을 마취시킨다. 하지만 그 어떤 것으로도 대체할 수 없다. 고요한 내 영혼의 소리를 듣는 시간, 붓은 나를 그대로 닮아 있었다.

내 속에서 솟아 나오려는 것, 바로 그것을 나는 살아보려고 했다. 그러기가 왜 그토록 어려웠을까?
_ 헤르만 헤세, 《데미안》 중에서

책 속의 한 문장이나 마음을 설레게 한 드라마의 대사도 무방하다. 글을 쓰는 행위는 내 생각을 글로 옮기는 것뿐만 아니라, 타인의 글을 읽고 나의 손을 통해 쓰는 과정에서 나의 빛깔을 입게 된다. 쓰는 행위를 통해 또 다른 의미를 찾아가는 과정이다. 불편한 자아를 만나게 되는 시간이기도 하다.

노을에 실린 삶의 무게

해가 지고
바람이 부는
일상의 행복

행복

제1장 먹에 스며들다

잠자리가 낮게 나는 오후, 문득 "엄마, 노을이 정말 예쁘다"라며 큰아이가 베란다 창을 열고 사진을 찍던 모습이 떠올랐다. 퇴근 후 이른 저녁을 먹고 그 말이 생각나서 병원에 다녀오는 길에 그에게 전화를 걸었다.

"노을 보러 갈까요?"

퇴근을 서두르는 차들은 반대편 도로에 줄지어 멈춰 서 있었다. 한가로운 바람이 얼굴을 스쳤고, 태양이 눈높이에 마주하고 있어 눈이 부셨다.

"아빠, 오늘 해 지는 시간이 6시 55분이에요."

"10분이면 비비정에 도착할 수 있어."

눈을 깜빡이는 순간, 붉은 노을이 산허리를 감싸고 자취를 감추었다. 카메라 셔터를 누를 때마다 각기 다른 모습이 찍히듯 순간순간 다른 빛으로 물들어가는 하늘. 비비정(飛飛亭)이라는 정자의 편액이 눈에 들어왔다. 강암(剛菴) 송성용(宋成鏞) 선생님의 글씨다. 생전에 뵈었던, 갓을 쓰고 단정하게 한복을 입은 모습과 닮아 있었다.

구름 사이로 붉게 물들어가는 노을을 바라보며 만경강 철교 위 비비정예술열차로 발길을 옮겼다. 지금은 이용하지 않는 철교 위 기차에 레스토랑과 카페가 자리하고 있다. 가족이나 연인

또는 지인들과 함께 저녁 식사를 하고 있는 사람들로 빈자리가 보이지 않았다. 레스토랑을 지나 야외 테이블이 놓여 있는 곳에서 발길을 멈추었다.

가슴이 먹먹해지며 숨이 쉬어지지 않았다. 해가 뜨고 지는 하루를 매일 반복하며 해 지는 순간을 오롯이 바라본 적이 있던가. 일상의 노을은 서 있는 내 어깨를 스쳐 지나갔다. 어둠 위로 내려온 붉은 하늘과 강물에 물든 노을이 하나로 만나는 순간. 삶의 무게를 잠시 내려놓을 수 있는 시간이었다.

어둠이 내려앉은 산허리 위로 선홍빛의 붉은 치맛자락이 나부꼈다. 강에 반사된 붉은 노을이 가라앉았다. 각자의 어깨 위에 짊어진 삶의 무게만큼 붉게 물들어가는 것이 아닐까. 오늘을 견뎌낸 하늘과 땅의 포옹이다. 멈춰버린 붉은 철교에는 수탈의 억울함을 부르짖던 농민의 함성이 서려 있었다.

해가 지고 바람이 부는 일처럼 사소한 일일 것이나 언젠가 그대가 한없이 괴로움 속을 헤매일 때에 오랫동안 전해오던 그 사소함으로 그대를 불러보리라.

- 황동규, 시 (즐거운 편지) 중에서

나를 찾기 위한 길은 사막 위에서 물을 찾는 사람처럼 다른 것은 눈에 들어오지 않았다. 주말이 되면 문자향과 함께 아침 일찍 나가 오후에 들어오는 시간은 그늘진 자리로 남아 있었다.

돌아오는 길에 딸아이가 밝은 표정으로 "엄마, 우리 다음에 기차 레스토랑으로 밥 먹으러 오자"라고 말했다. 문득 노을이 지는 하늘을 바라보며 내 마음도 미안함에 물들어갔다. 일상의 행복을 함께하는 시간의 소중함을 잊고 있었다. 함께하는 것만으로 하루를 버틸 수 있는 힘이 된다는 사실을.

11. 이유 없는 낙하는 없다

뜨거웠던 여름을 적시는 가을비가 새벽 공기를 보듬어 안는 시간이다. 땅 위에 이불을 덮은 듯 낮게 드리운 안개 때문인지 쌀쌀한 공기가 느껴진다. 청량한 기온에 몸도, 마음도 창가에 부딪치는 빗소리처럼 가볍다.

담묵의 붓질이 좀처럼 나아가지 않았다. 문득 불투명한 창으로 세상을 바라보는 내가 보였다. 문자향을 들고 자연과 함께한 시간, 나는 얼마만큼 나아갔을까? 문득 먹지 앞에서 시간이 정체된 듯했다. 시간을 붓에 실어 종이 위에 내리는 순간 번지는 먹빛은 나의 가을이다. 얼었던 대지를 이기고 나온 새싹과 가지 끝에 뽀얗게 부풀었던 목련, 그리고 각기 다른 초록으로 푸르렀던 작열하는 여름이 멈춘 것 같았다.

보슬보슬, 타닥타닥, 구름이 젖어갔다. 물기 머금은 한지에도 가을이 물들었다.

목마른 대지가 온몸을 열어 비를 감싸듯 결핍은 나의 한계를 확장시키는 과정이었다. 두려움의 진실은 새로운 것에 대한 낯가림이었다. 낯가림에 울음을 터트린 아이는 엄마 품에 고개를 파묻고 진실을 외면한다. 이것이 나의 모습이었다.

이 비가 그치고 나면 사람들의 발길은 가을을 맞이하기에 바쁠 것이다. 붓으로 물들어갈 가을을 만끽하자. 높고 낮음을 분별하지 않고 작은 풀잎 뒤 후미진 대지까지 촉촉이 적시는 빗물처럼 먹으로 물들어가기를 바란다.

어릴 적 휴일의 아침은 깨우지 않아도 눈이 떠졌던 경험이 생생하다. 일찍 일어나 학교에 가지 않아도 되는 자유, 그 시간을 누리고 싶었던 마음이랄까. 지금도 그 마음을 다시 일깨워주는 것은 토요일 새벽이다. 바쁘게 해야 할 일이 없는 시간, 여유를 느낄 수 있는 공간, 계절의 변화를 가장 먼저 느낄 수 있는 산책길에 나선다.

마라톤 10km 코스를 참가 신청한 후 어느 토요일 새벽, 멈추지 않고 뛰고 있다. 심장의 두근거림을 벅차게 느낄 수 있는 시간이다. 나의 심장을 뛰게 하는 일이 무엇이었는지 생각해본다. 10km가 아직 안되었는데, 다리가 무겁고, 바닥에 쓸리는 발바닥과 발가락이 아파온다. 앞서 뛰는 지인들을 보며 멈추고 싶은 마음과 동시에 '끝까지 완주해야지' 하는 나의 목소리가 들린다. 긴 거리를 언제 다 뛸까 생각하면 지금이라도 그만두고 싶은 마음이 불쑥 고개를 든다. 그래도 턱까지 차오른 들숨 한 번에 한 발, 날숨 한 번에 한 발을 내딛는 이 순간에 집중한다.

간지러운 빗방울이 귀에서 어깨와 팔을 지나 손끝에 맺힌다. 두 팔을 들고 비를 맞이한다. 바람에 실려온 빗줄기가 온몸으로 낙하한다. 눈가에 맺힌 빗방울이 땀을 씻어내고, 손끝에 느껴지는 빗방울은 골짜기를 지나 나를 적시고 대지에 스며든다. 알 수 없는 해방감에 가슴이 벅차오른다.

유년의 기억 속 어느 여름날. 갑자기 내린 소나기의 운율을 살결 위로 느껴본 기억이 떠오른다. 피아노 건반을 두드리는 손가락의 춤사위, 내 몸은 무대다. 가볍지만 결코 가볍지 않은 무게로 땅으로 하강하는 발걸음은 비의 사명이었다. 떨어질 것을 알지만, 이유 없는 낙하는 없다. 제 몫을 다하기 위해 메마른 대지 위로, 갈라진 인도 옆 작은 풀꽃 위로, 뜨겁게 뛰고 있는 심장 위로 젖어든다.

12 서예로 함께 아우를 수 있기를

청보리밭 위로 포개어진 붉은 치마폭과 노란 저고리, 그리고 깊은 하늘빛 도포를 입은 두 남녀가 눈부시게 아름답다. 2023년 드라마 〈연인〉의 한 장면으로, 자연의 색감과 어우러져 하나가 되었다. 저고리 배래의 부드러운 곡선과 섶 끝 선의 꼭짓점이 아찔하다.

한복은 아름답다는 걸 알고 있지만, 평소 입기에는 부담스럽다. 이런 이유로 삶에서 멀어진 옷이지만, 편안함을 생각한다면 한복만큼 완벽하고 유동적인 옷이 없다. 한복의 치마는 어떤 체형이든 감싸듯 아우른다. 남성의 바지는 허리 사이즈가 규정되어 있지 않다. 배부를 땐 넉넉하게 맬 수도, 자신의 몸에 맞게 조일 수도 있다. 이렇듯 한복은 신축성과 유연성을 가지고 있는 반면, 한때 유행했던 스키니 진은 몸매가 되어야 입을 수 있는 옷이다. 사람이 옷을 입는다기보다는 옷이 사람을 입는다는 생각이 든다.

'한복모델선발대회인코리아'가 전주 한국전통문화전당에서 열렸다. 대회 개요에 고등학생부터 시니어까지 신청할 수 있으며, 미인 선발 대회가 아니라 한복의 자태를 심사한다는 기준과 한복에 대한 친숙함에 참가 신청을 하게 되었다.

한복에 관심을 갖게 된 건 동아리 활동으로 시작한 서예를 전문적으로 배우고 싶은 욕망에서 출발했다. 예술회관 전시장에서 만난 선생님은 한복을 입고 계셨다. 뭔지 모를 특별함으로 다가왔다. 하지만 정작 선생님 본인은 생활 옷이었고, 우리 옷을 입는 것이 일상이었다. 한복이 생활 옷이라는 생각을 못 한 나에게만 신선했을 뿐이다.

선생님과의 인연은 서예뿐만 아니라 우리 문화에 대한 관심을 갖는 계기가 되었다. 폐교를 개조한 선비문화체험관이 개관하면서 그곳에서 서예 강사로, 그리고 다도를 배우며 차·예절 강사로 일하게 되었다. 가르치기에 부족한 것을 알았기 때문에 주말에 차·예절 지도자 과정 수업을 받으며 가르쳤다. 이때의 경험은 이전까지 나의 삶과는 이질적이고 낯선 문화였다.

다도 수업을 위해 한복을 입은 내 모습은 어색했지만, 여유 있는 소매와 넉넉한 치마폭이 편안했고 발걸음이 자연스럽게 단아해졌다. 수업을 위해 한복을 자주 입게 되자 여유가 없는 평상복이 오히려 활동하는 데 불편해졌다. 생활한복을 판매하는 곳에는 원하는 디자인이 없어 직접 디자인을 의뢰해 맞춰 입기도 했다. 일을 위해 입은 낯선 한복이 어느 순간 편안함으로 내 안에 자연스럽게 스며들었다.

한복, 한옥, 서예는 우리 것이지만 익숙하지 않은 낯선 단어라는 공통점이 있다. 젊은 날의 시간은 낯섦을 익숙함으로 물들게 했다. 처음 생활한복을 입었던 어색함은 온데간데없이 이제는 옷감을 골라 나에게 어울리는 옷을 맞추게 되었다. 먼저 결혼하게 된 동생에게 특별한 선물을 해주고 싶은 마음에 서예 작품으로 가리개를 만들고, 황토로 염색한 삼베 이불을 만들어 선물했다.

가벼운 마음으로 참가한 대회 시간이 임박하자 하얀 곱슬머리의 할아버지, 삶의 흔적이 희끗희끗 수놓인 할머니부터 한복이 어색한 고등학생까지 다양한 연령층이 보였다. 나이대가 다양한 만큼 각양각색의 한복이 눈에 들어왔다. 풍성한 치마 위에 잠자리 날개처럼 투명한 저고리는 한복보다 드레스 같은 느낌이었다.

대회의 1번 참가자는 궁중 예복 복식을 입고 있었다. 가체(加

髢)와 붉은색 활옷을 입은 할머니의 발걸음이 당당했다. 붉은 활옷에는 연꽃·모란·봉황·원앙·나비가 화려하게 수놓여 있었고, 치마 아랫단에는 수복(壽福) 장수와 복을 기원하는 글귀가 금박으로 새겨져 있었다. 화려하고 의미가 담긴 활옷은 지금도 전통 혼례복으로 활용되고 있어 현재 우리의 삶에도 크게 낯설지 않다.

우리의 삶은 한옥보다 아파트가 익숙해졌고, 한식과 더불어 피자·파스타 등 각국의 이색적인 음식이 우리의 입맛을 다양하게 만들었다. 서예도 캘리그라피·디지털 캘리그라피 등으로 다변화하고 있으며, 〈연인〉과 〈도깨비〉 같은 드라마 타이틀과 상호 등에 쓰이면서 일상으로 스며들었다.

이처럼 전통이 과거에 머무르지 않고 현재와 어우러지는 모습이 흐뭇하다. 치마폭으로 감싸듯 우리의 것으로 서로 다른 문화를 감싼다. 붉은 당의와 너른 쪽빛 치마폭에 품어본다. 과거와 현재를, 너와 나를. 서예로 함께 아우를 수 있기를.

13. 비탈진 연탄길에 피어오른 먹향

송두리째 자신을 태워 까맣고 동그란 구멍으로 들어오는 차가운 바람을 뜨겁게 데우는 연탄. 언제부터인지 가스보일러를 쓰면서 자연스럽게 그 존재를 잊고 있었다.

생각을 더듬어보면 어릴 적 연탄집게를 이용해 다 타서 하얗게 된 연탄을 꺼내고 까만 새 연탄으로 갈아 넣던 기억이 떠오른다. 아직 열기가 남아 있던 연탄을 골목 끝에 내다 놓으면 언 땅을 녹이며 올라오던 하얀 김이 눈앞에 아른거린다.

까만 앞치마와 팔 토시를 두르고 삼삼오오 봉사 시간에 맞춰 도착했다. 얼마 지나지 않아 스쿨버스가 도착하고 고등학생들이 줄지어 내렸다. 학교에서 단체로 봉사 활동을 온 모양이었다. 함께 운동하며 목표 체중을 초과하면 벌금을 내고, 모은 돈을 기부하면서 봉사 활동에 참여했다. 겨울이면 신문이나 TV 뉴스에서 연탄 나르기 봉사에 대한 소식을 접했지만, 직접 참여하는 건 처음이었다.

두 장의 연탄을 손 위에 올리고 경사진 비탈길을 한 발 한 발 올라갔다. 연탄을 처음 본 아이들은 신기해하며 체험 수업을 받는 느낌이었다. 연탄을 전달하고 가볍게 뛰어 내려오는 아이들의 발끝에 재미가 묻어 있었다.

집 안에서 할아버지가 나오시더니 자신의 임무를 다한 연탄을 집게로 들어내 눈이 살짝 얼어 있는 바닥에 두드려 깨었다. 혹여 연탄을 나르다 미끄러질까 봐 걱정하는 마음이 보였다. 대문을 나와 비탈길에 잠깐 멈춰 서니 동네 경치가 한눈에 시원하게 들어왔다.

비탈진 경사길, 평소에도 두 노부부가 걷기에 쉽지 않을 것이다. 평생을 이 동네에서 살았다면 익숙한 길이겠지만, 눈 내린 길을 떠올리니 마음이 답답해졌다. 평범한 삶의 공간이 그냥 주어진 것이 아님을 감사하게 생각해야 할 것 같다.

까만 연탄은 자신을 태워 따뜻함을 더해주고, 나무는 자신을 태워 까만 그을음을 남긴다. 그 그을음은 먹으로 다시 태어난다. 연탄은 차갑게 얼어버린 가슴을 뜨거운 밑불에 기대어 다시 타오르기를 바란다. 각자의 가슴에 간직한 불씨가 연탄에 옮겨붙어 비어 있는 구멍을 사랑으로 채운다. 22개의 구멍 위로 올라오는 뜨거운 불기둥 하나씩 불을 키우면 뜨거워진 연탄 한 장이 방 안을 따뜻하게 데운다. 비탈진 연탄길은 따뜻한 손길로 데워져 이마에 송골송골 땀방울이 맺힌다.

타고 남은 그을음이 남긴 먹, 붓끝에 스며드는 먹물은 종이 위에서 점과 선이 되고 문자로 드러난다. 먹은 벼루 위에서 자신을 송두리째 내주고, 전혀 다른 모습으로 세상을 마주한다.

먹처럼 나 자신을 던져 지금까지와는 전혀 다른 '나'로 태어나고 싶은 마음을 붓에 실어 종이에 담아내고, 그것을 통해 나를 바라본다. 붓을 잡고 밖으로 선을 넘은 이유, '나'라고 고집하던 모습을 내려놓고 서예의 새로움을 알리고 싶은 마음이었다. 붓으로 글씨를 써 내려가며 종이에 먹물이 스미듯 사람들의 마음에도 먹 향이 스며들길 바란다.

제 2 장

붓을 세우다

- 14 서예 키트 제작
- 15 문자향
- 16 문자향의 세계를 담다
- 17 나다움을 찾아 붓을 잡다
- 18 붓으로 세상의 주인이 되자
- 19 일상을 바꿀 수 없지만 서예는 나를 변화시켰다
- 20 서예란 어떤 예술인가?
- 21 호흡이 안정되는 붓글씨
- 22 세 가지 스승
- 23 꿈의 뒷바퀴를 돌아보자
- 24 무딘 칼끝을 날카롭게 세우다
- 25 가을의 기다림, 붓끝에 담긴 간절함
- 26 내가 행복한 일을 할 수 있는 용기

14 서예 키트 제작

    구매 대행으로 화구 박스를 주문한 후 배송 기간까지 2주 정도의 시간이 주어졌다. 안도의 마음과 함께 시간이 천천히 가기를 바라는 마음이 공존했다.

    새로운 일에 대한 두려움과 동시에 과연 내가 잘할 수 있을까 하는 의문이 들었다. 한편으로는 화구 박스에 붓·벼루·먹·문진 등 필요한 서예 도구 중에서 무엇을 어떻게 배치하고 활용할지 고민의 시간이 되었다. 도구의 선택 기준은 꼭 필요하고, 편리하게 사용하려면 어떻게 해야 할까가 관건이었다.

    배송된 화구 박스는 맞춤 제작하려고 했던 사이즈보다 작았다. 하지만 곰곰 생각해보니 사이즈가 크면 이동할 때 휴대하기가 불편할 것 같았다. 서예 키트에 넣을 작은 먹물을 미리 구입했지만, 공간이 부족해 빈병에 소분해 넣어야 했다.

    서예 키트 안에 필요한 물건을 고정하

고 제품을 보호해줄 폼이 필요했다. 인터넷에서 판매하는 PE 폼을 찾았다. 공구 상자 안에 공구의 형태와 똑같이 성형돼 있어 고정 및 완충 작용을 해주는 폼이었다.

화구 상자를 배송받고 폼을 제작하기 위해 폼을 판매하는 곳에 직접 전화를 했다. 원하는 제품 제작에 대해 설명하자 대량 주문만 성형한다는 대답을 들었다. 다행히 레이저 커팅 소량 주문이 가능한 업체의 전화번호를 받았다.

수원에 있는 폼 레이저 제작 업체에 전화를 해 제작을 의뢰했다. 화구 박스에 넣을 벼루, 붓, 먹물, 물통, 문진의 위치를 종이 위에 디자인하고 그 안에 넣을 물건을 동봉해 택배로 보냈다.

며칠 뒤 도면을 받았고, 수정 후 레이저 제작까지 완성된 사진을 받았다. 화구의 위쪽 덮개가 잘 닫히지 않는다는 말에 당황했지만, 벼루 덮개를 빼면 가능해서 다행이었다.

제작한 키트를 택배로 받고 물건을 넣어보니 잘 고정되어 흔들림도 없고, 소리도 나지 않았다. 키트를 펼치고 벼루와 붓을 꺼

내 사용할 수 있도록 올려두었다. 중간 덮개를 닫고 크기에 맞게 자른 화선지를 올려놓았다. 먹물을 벼루에 적당히 따르고 물을 약간 섞은 다음 얇은 종이를 고정하기 위해 문진을 위쪽에 올려놓으면 글씨를 쓸 수 있는 준비가 끝났다.

서예 키트는 장소를 불문하고 편리했다. 어느 곳에서든 만능이었다. 내가 구상해 만들어놓고도 감격스러울 정도였다. 실내 카페에서는 차를 마시며 책을 읽다가 쓰고 싶은 글귀가 있으면 바로 덮개를 열어 쓰기에 안성맞춤이었다. 캠핑장이나 공원에서는 삼각대를 부착하면 야외용 미니 테이블이 되었다.

키트 상자를 삼각대와 연결하고 서서 쓰기에 적당한 높이로 고정해보았다. 키트를 열고 준비하는 데 5분이 채 걸리지 않았다. 쓰고 싶은 단어를 미리 생각하고 붓을 들었다. '만끽'. 현재를 충만하게 즐기는 순간, 붓을 들고 있는 나를 보았다.

키트를 사용하기 전에는 책상 위에 올려둔 노트북을 한차례 정리하고 붓을 들어야 했다. 키트 안에는 물품들이 '네, 주인님' 하듯 다소곳이 대기했지만, 노트북과 필기구 등을 정리하느라 다소 번거로운 부산함이 있었다. 하지만 삼각대 위에 서예 키트를 준비해놓으니 언제든 쓰고 싶을 때 '짠!' 하고 키트를 열기만 하면 되었다. 서예 키트를 제작한 목적이 안에서 밖으로 선을 넘는 것이었다.

선을 넘기 위한 여정, 문밖으로 펼쳐질 선을 기대해본다.

문자향

세상에   그윽한   향기이고   싶어

세상에 그윽한 향기이고 싶어.

서예는 그림처럼 강렬함을 주지는 못하지만, 글씨에 쓰는 사람의 삶을 담으면 진심을 전할 수 있다. 삶의 모습이 다르듯 우리가 그려낼 무늬도 같지 않다.

'문자향(文字香) 서권기(書卷氣)'.

추사 김정희가 유배 중 아들 상우에게 보낸 글에 수록된 내용이다. '문자의 향기, 책의 기운'이라는 뜻이다. 문(文)은 사람의 가슴에 새겨진 문신을 뜻하는 글자에서 '글, 문장'을 의미한다. 그 사람의 고유한 무늬다. 나만의 무늬로 향기를 나누면 결이 같은 사람이 모이게 되고, 이것이 확장되면 문화가 된다. 자신의 삶을 녹여내 문자의 향기로 표현하는 것이 서예다.

자신의 고유성을 드러내는 것은 존재의 가치를 발견하는 일이며, 개개인의 생각의 표현이 모여 문화가 되어왔다. 나의 고유성을 찾는 것은 인간의 가장 본질적인 질문이며, 인간이 가진 본성이다. 나의 무늬를 찾아가는 표현 방법이 서예이며, 서예의 문방사우를 담아 '문자향'이라고 이름 지어본다.

16. 문자향의 세계를 담다

문방사우. 종이·붓·벼루·먹은 서예를 하는 데 기본이 되는 도구이자, 나를 드러내게 해주는 친구이기도 하다. 자연에서 얻은 것을 최상의 가치로 담아낸 것이다.

닥나무에서 얻은 재료를 삶고, 찌고, 물에 풀어 얇게 떠서 말린 종이.

털 하나하나를 곱게 빗어 재를 뿌리고, 기다리기를 수십 번 반복한 후 대나무로 묶어 만든 붓.

소나무의 그을음을 소중히 긁어모아 아교를 섞고 백만 번 치대어 만든 먹.

다듬어지지 않은 돌 위로 정과 끌을 수십 번 내려치며 깎고 밀어서 만든 벼루.

자연이 내주지 않으면 만들 수 없는 것이다. 하지만 자연 그대로는 효용 가치가 없다. 장인의 손길과 정성이 닿아야만 의미와 가치를 부여받을 수 있다. 이렇게 완성된 종이·붓·벼루·먹은 만들기도, 구하기도 힘들다.

벼루는 온전히 자신을 내주고, 나무는 자신을 소멸해 남긴 그을음으로 먹이 되어 물과 합일한다. 붓털 하나하나에 스며든 먹물은 종이 위에 천천히 무늬를 그린다. 살갗을 내민 종이 위로 물 들어가는 먹빛은 본연의 색을 드러낸다. 붓이 지나간 자리에 검푸르고 맑은 빛깔로 나의 무늬가 그려진다.

고민의 흔적은 결국 나 자신이었다. 점과 선이 만나 글씨가 되고, 글씨는 나를 닮아 있다. 나를 닮은 글씨는 세상과 만난다.

자연이 선사한 조그만 상자는 만나는 사람의 무늬로 각기 다른 세계를 담는다. 이 상자를 문자향이라 부른다. 문자향의 가치는 작가의 손을 통해 무늬를 그리는 것이며, 함께 공감하고 감상하는 관람객과의 소통이 가치를 만들어갈 수 있다.

나다움을 찾아 붓을 잡다

저
절
로

저게 저절로 붉어질 리는 없다.

저게 저 혼자 둥글어질 리는 없다.

대추야, 너는 세상과 통하였구나.

_장석주, 시 '대추 한 알' 중에서

새해가 다가오면 트렌드를 파악하고 흐름을 알아야 할 것 같은 불안감이 든다. 그 불안감에 NFT, 챗GPT를 공부하지 않으면 안 될 것 같아 이른 새벽 스터디를 시작했다. 평소 접하지 않은 생소한 분야였기에 용어 자체가 낯설었다. 책을 펼치자 글자 모양만 읽는 맹인이 된 느낌이었다.

마지막 스터디는 NFT 지갑을 만드는 실습으로 끝났다. 새벽에 일찍 일어나 한정된 시간과 에너지를 쓰면서 '왜 하려는 것일까?' 스스로 질문해보았다. 예술 작품이 NFT로 등록되고 판매되는 흐름을 이해하고 시도해봐야겠다는 생각이었지만, 본질을 잊고 있었다. '창작자로서의 삶을 살고 있는가'가 우선되어야 한다는 것 말이다.

시시각각 변하는 흐름을 좇아가기보다는 내가 정말 하고 싶은 것이 무엇인지 알아차리는 게 먼저다. 그런데 정작 우리는 끊임없이 바뀌는 세상의 변화를 숨차게 따라가기 바쁘다. 내 몸이 원하는 심장박동이 아닌 상태로 달린다. 그러다 달리는 인파 속에서 내가 달리는 목적이 무엇인지 묻는다. 파도 위에 몸을 싣고 부표가 되어 정처 없이 떠밀려가고 있다.

크고 긴 파도의 터널 속에서 현재의 답답함을 고민하고, 아직 오지 않은 미래를 걱정하며 시간을 허비할 때가 있다. 그럴 때 내가 할 수 있는 건 나의 문제를 알아차리고, 해결할 수 있는 일을 하는 것뿐이다. 지금 나에게 필요한 공부인가? 그게 아니라면 필요할 때 시작하면 된다.

일상의 변화와 세상의 격변은 두려움으로 다가왔고, 독서는 안일한 피난처가 되었다. 책 속의 문장으로 나를 위로하며 숨어 있을 뿐이었다. 그의 희망이 나의 희망이 될 수 없었다. 읽는 것을 아는 것으로 착각하며 잠시 멈춘 시간, 깊은 바닷속으로 끝없이 침잠한다. 심연의 바닥까지 내려가 만난 건 바로 나였다.

나만 할 수 있는 것, 나다움을 찾아 붓을 잡는다.

18 붓으로 세상의 주인이 되자

여수의 이순신광장 앞, 탁 트인 해변과 바다의 비릿한 냄새가 코끝으로 밀려들었다. 점심을 먹기 위해 맛집을 검색하고 발길을 옮기는데, 많은 사람이 상점 앞에 줄지어 서 있는 모습이 보였다. 인터넷 검색창에 맛집으로 나오는 곳이다. 사람들은 뜨거운 햇살이 무색할 정도로 인내심을 가지고 줄 서서 기다리고 있었다.

여유롭게 즐기고 싶어 시간을 내어 온 여행에서 맛있는 음식을 먹는 즐거움을 놓칠 수는 없지만, 줄 서서 먹는 즐거움에 시간을 쓰기에는 왠지 아까운 생각이 들었다.

길을 따라 내려오며 사람들이 적고 한가한 식당으로 향했다. 한갓진 식당 안에서 바라보니 바다에서 잡은 생선을 트럭으로 옮겨 싣고 있는 부지런한 손놀림과 그 옆 나뭇가지 위에서 여유롭게 먹잇감을 노리는 갈매기가 눈에 들어왔다.

맛집을 검색해 찾아가 먹는 여행도 좋지만, 사람들에게 알려지지 않은 나만의 맛집을 찾아가는 즐거움도 있다. 삶을 사는 방법에는 세상 사람이 성공이라고 부르는 삶을 좇으며 사는 것과 자신이 하고 싶은 일을 찾아가며 사는 것이 있는데, 그중 어떤 방법을 택할지 늘 고민을 하며 산다. 나는 이 두 가지 모두 놓지 않고 살아가려는 마음이 존재한다는 것을 알았다. 하지만 두 가지를 다 좇기에는 쓸 수 있는 시간과 에너지가 부족했다. 생활을 위한 최소한의 일을 하면서 내 삶을 오롯이 살 수 있는 일을 찾아야 했다. 나를 찾아가는 길은 서예였다.

아침 식사 후 커피를 내리는 것이 중요한 일과다. 주문한 원두를 적당히 블렌딩한 뒤 블렌더에 갈아 첫 번째 향기를 맡고, 물이 끓고 나면 한 김 식힌 후 물을 따르며 두 번째 향기를 느낀다. 또르르 떨어지는 커피 향이 집 안 가득 퍼지고 마지막 입안을 따뜻하게 감싸며 향기를 마신다. 아침마다 바쁘기도 하고 번거롭지만 내가 생각하는 커피의 맛과 향을 느끼고 싶어 매일 하는 일이다. 커피에 대한 나의 기대감을 다른 곳에서 채울 수 없어 직접 내리게 된 것이다.

이렇듯 내 삶의 기준은 내가 정하는 것이다. 하지만 세상의 기준에 맞춰 살 수밖에 없다면 맞춰 살아야 한다. 잊지 말아야 할 건 스스로 주인이 되어 하는 일이 있어야 한다는 것이다. 그 일을 찾고, 내가 주인이 되어 사는 것이 나에게 주는 최고의 선물이었다. 사람들의 관심을 벗어나 이제는 박물관에서나 볼 수 있는 서예를 명령어만 입력하면 글이 되고 그림을 그려주는 시대에 붓을 잡은 내 모습이 바보 같아 보일 때도 있다. 하지만 서예라는 나만의 향기로 한발 나아가고 싶다.

19
일상을 바꿀 수 없지만 서예는 나를 변화시켰다

우리는 이번 생에서 배운 것을 통해 다음 생을 선택한단다. 아무것도 배우지 못하면 다음 생은 이번 생과 똑같아. 한계도 똑같고, 감당해야 할 무거운 짐도 똑같지.

각자의 안에 깃든 선함을 봐야 하고, 그들 스스로 그것을 볼 수 있게 도와야 하는 거지. 내가 말하는 사랑은 그런 것이란다. 그것을 터득하게 되면 재미있을 것이다.

_ 리처드 바크, 〈갈매기의 꿈〉 중에서 조나단 리빙스턴의 말

내세가 있다고 믿는 건 아니지만, 책에서 현재의 삶을 살아가는 과정이 죽은 후 환생할 때 업보로 작용한다는 내용을 읽은 적이 있다. 그런 까닭이 아니어도 현재의 내 모습에 한계를 느끼는 것이 출발점

이며, 문제를 해결하는 것부터가 시작이었다.

우리가 보고 느끼는 이 세상이라는 틀에 나를 가두고 살고 있는 건 아닐까 상상해보곤 한다. 이 세상 밖 누군가가 우리를 지켜보고, 이 틀 안에서 경쟁하며, 돈을 벌기 위해 치열하게 살도록 조종하고 있는 것은 아닐까. 세상이라는 울타리를 벗어나 지켜보는 자가 된다면 삶이 자유로워지지 않을까, 조금은 엉뚱한 상상을 한다.

조나단은 먹이를 찾기 위한 날갯짓이 아니라, 자신의 한계를 넘기 위해 더 높은 곳으로 비행을 시작한다. 부모님은 먹이를 찾기보다 비행에 집중하는 조나단을 걱정했고, 그의 평범하지 않은 행동은 무리에서 이상한 갈매기로 따돌림을 받고 추방당하게 만든다. 하지만 조나단은 다시 돌아와 자신의 한계를 뛰어넘으며 느끼고 경험한 것들을 사랑으로 나눈다. 그의 진심이 전해지자 무리에서 그를 따르고 지지하는 갈매기가 하나둘 생긴다.

이렇게 살아보고 싶었다. 글쓰기는 나의 한계를 깨닫고 첫발을 내딛는 시작이었고, 나를 알아가는 과정이었다.

매일 같은 시간에 글을 쓰며 한계에 부딪힌다. 그 끝에서 매일 헛걸음을 하고 돌아오곤 한다. 헛걸음을 수십 번 반복하며 한 줄을 완성하고, 그렇게 한 줄 한 줄이 모여 한 장의 글이 된다. 글쓰기는 준비 없는 시작이었지만, 책을 쓰는 도전을 할 수 있었다. 지금까지 해보지 않은 일을 해보는 것은 꿈을 향한 첫 날갯짓의 시작이었다.

글쓰기를 통해 나에 대한 확신은 또 다른 모험으로 확장하는 계기가 되었다. '서예를 배우고 싶은 사람들과 소통할 수 있는 온라인 강좌를 만들어볼까?' 그렇게 커뮤니티 안에서 재능 기부를 시작하고, 그 경험을 바탕으로 유료 수업을 개설했다.

많은 인원은 아니지만 외국에 거주하는 분, 새벽 직장에서 참여하는 분까지 자신을 위한 시간을 열정적으로 쓰는 모습들이 나를 자극했다. 7일간의 수업이 끝나고 마지막 엽서로 쓴 작품을 모아 온라인 전시회를 열었고, 이를 통해 함께 참여하는 즐거움까지 느낄 수 있었다. 혼자 붓을 잡고 몰입하는 즐거움도 있지만, 내가 좋아하는 일을 함께 공감하고 나눌 사람이 존재한다는 점이 나를 확장시키는 원동력이 된다는 것을.

자기 계발을 시작하고 배우기만 하는 것보다 내가 할 수 있는 서예를 나누며 가능성을 확인해보고 싶었다. 가족은 돈도 되지 않는 취미 생활로 치부해버린 서예였지만, 관심 있는 사람들과 함께하는 것은 나의 가치를 발견하고 마음을 나누는 시작이 되었다.

마음을 나누고, 나를 온전히 내주었다. 손을 내밀면 따스한 온기가 마음을 움직인다. 예술이 힘든 일상을 바꿀 수는 없다. 하지만 서예는 나를 바꾸고, 작은 변화가 불씨가 되어 서로를 변화시킨다. 변화의 시작이 우리의 삶을 좀 더 풍요롭게 할 수 있지 않을까.

예술이란 자연이 인간에게 비춰진 모습입니다. 중요한 것은 거울을 닦는 일입니다.

_ 오귀스트 로댕

서예란 어떤 예술인가?

소문所聞

선을 긋다

붓으로 글자의 조형을 나타내는 행위 예술. 이것은 서예의 외형적 모습만 보는 1차원적 관점이다. 내면의 생각을 담기 위한 고민을 점과 획으로 함축해 표현하는 것이 2차원적 관점이다. 획을 긋는 순간 공간은 여백이 되어 여운을 남긴다. 여운은 보이지 않지만 느낄 수 있는 분위기다. 이것이 3차원적 관점이다. 획에는 서예가의 삶과 철학이 담겨 있고, 그런 만큼 그가 쓴 글씨는 곧 그 사람이라 할 수 있다. 붓을 든 시점에 작가에게 든 생각과 작품을 보는 관람객의 현재를 연결하는 것이 4차원적 관점이다.

평면적 종이 위의 획이지만, 서예는 오랜 세월을 거치며 단순한 획을 긋고 글씨를 쓰는 것에 머무르지 않고 자신을 들여다보는 수신(修身)의 한 방법이었다. 한 걸음 더 나아가 삶의 철학을 담은 예술로 승화한다.

서예는 서예가의 영혼을 담은 예술이다. 완성이 아닌 성장의 과정, 생을 마치는 순간까지 지속하는 예술이다. 이런 이유로 훌륭한 서예가 중에는 장수한 분이 많다. 추사 김정희는 71세, 자하 신위는 77세, 창암 이삼만은 75세까지 살았다. 당시의 평균 연령을 비교해볼 때 장수한 것은 사실이다.

인생 만년에 걸작을 남길 수 있었던 비결은 무엇일까? 평생을 붓과 함께해오며 자연과 합일하고자 끊임없이 노력하는 과정,

수신이야말로 서예를 즐기는 이유였다.

긴 시간 붓을 잡으며 운필(運筆)의 기술과 글자의 조형에 대한 고민은 늘 나를 따라다녔다. 늘 하던 대로의 붓질이지만 강약과 완급을 조절하며 선의 느낌을 다양하게 표현하는 것, 누구나 짐작할 수 있는 글자의 조형에서 벗어나 기발하고 창의적인 글씨를 쓸 수는 없을까. 하지만 그 전에 '나는 왜 쓰고 싶은가'에 대한 질문을 던졌다.

붓을 잡는 순간은 그 어떤 것에도 휘둘리지 않고 나 자신으로 있을 수 있는 시간이었다. 관계 속에서 이름 지어진 무게의 그림자를 잊을 수 있었다. 연어가 알을 낳기 위해 죽음을 무릅쓰고 먼 바다에서 초록 강을 거슬러 회귀하는 것처럼. 붓을 잡은 것이 우연은 아닐 것이다. 붓을 잡은 소명이 나에게 있을 것이다. 붓을 잡으면서 나를 찾았고, 주변의 풀과 나무, 하늘과 구름은 늘 그 자리에 있었지만 새롭게 다가왔다.

서예를 하면서 소문(所聞)을 열었다. 소문은 '사람들 입에 오르내려 전해 들리는 말'이지만, 내게는 듣는 곳이다. 장소 '소'에 들을 '문'. 고요히 내면의 소리를 듣는 곳. 소나무 아래 의자에 기대어 소리를 들어본다.

21 호흡이 안정되는 붓글씨

요가 동작 중 물구나무서기가 있다. 요가가 처음이라면 혼자서 물구나무를 서는 것이 쉽지 않을 것이다. 수련장에서 물구나무서기 동작을 혼자 능숙하게 하는 이들을 보면 탄성이 절로 나온다. 쉽게 될 것 같아 따라 해보지만 '동작 그만'이 된다.

먼저 두 다리를 어깨의 두 배 너비로 벌리고 정수리가 바닥에 닿게 한다. 군대에서 훈련할 때의 포복 자세와 비슷하다. 이렇게 한 달 가까이 연습한 후 무릎을 꿇어앉은 자세에서 엉덩이를 하늘 쪽으로 치켜올리며 두 다리를 쭉 펴고 천천히 얼굴 쪽으로 가까이 걸어온다.

더 이상 걸어올 수 없는 지점에서 두 발을 바닥에서 떼어 천천히 위로 들어 올린다. 이때 두 손은 무릎을 꿇고 앉은 자세에서 무릎 끝 선을 따라 주먹 하나의 간격을 띄어 바닥을 짚는다. 그러면 무릎과 손 그리고 머리가 삼각형을 그리게 된다.

말로 설명하기는 쉽지만 실제로 해보면 쉽지 않다는 걸 알 수 있다. 반복해서 연습하며 중심을 잡으면 짧은 시간이지만 버틸 수 있게 된다. 처음엔 머리 쪽으로 혈류가 쏠리며 호흡하기가 어렵다. 호흡을 천천히 단전으로 내리면 편안하게 안정되는 것을 느낄 수 있다. 꾸준히 연습하면 숨쉬기가 편안해지고, 호흡이 편안해지면 드디어 거꾸로 보는 세상이 펼쳐진다.

내 몸을 거꾸로 세우고 세상을 바라보는 건 쉽지 않다. 이광형 카이스트 총장은 뇌가 굳어지고 있다는 위기감을 느끼고 TV를 거꾸로 보기 시작한 지 15년이 되었다고 한다.

"전자회로는 한번 만들어지면 그대로 정형화되지만, 뇌 회로는 평생에 걸쳐 계속 변한다. 서로 연결되는 방식도 각양각색이다. 그저 옆에 있다고 연결되는 게 아니라, 필요에 의해 연결된다. 멀리 떨어져 있더라도 서로 필요하면 연결된다."

불편한 일이 편안해지기 위해서는 시간과 꾸준함 외에 특별한 방법이 없다. 글 한 줄 쓰기도 힘들어하던 모습이 떠오른다. 스스로 질문하며 그 답을 찾아가는 과정이 글을 쓸 수 있는 힘이 되었다. 붓을 잡고 매일 좋은 글귀를 나누고 싶은 마음이 1일 1캘리그라피를 인스타그램에 올리게 된 이유였다. 아이디어는 어느 날 갑자기 떠오르지만, 아이디어를 얻을 수 있었던 건 매일 실천하는 과정이 있었기 때문이다.

호흡이 내려가고 안정되는 것을 자연스럽게 경험할 수 있는 것이 서예였다. 붓을 잡고 바른 자세로 앉아 쓰기에 집중하면 호흡이 배꼽 아래 단전으로 내려간다. 우리는 평소 흉부 호흡을 하지만, 무언가에 몰입하면 호흡은 자연스럽게 단전으로 내려간다. 붓을 잡으면 마음이 차분해지면서 몰입하게 되는 이유다.

평소엔 가슴으로 호흡하고, 감정이 격해지거나 화가 나면 호흡이 빨라지며 어깨가 들썩거린다. 임종을 앞둔 이의 호흡은 턱 끝에 다다른다. 마음의 안정과 건강을 위해 명상과 요가를 하듯 붓을 잡는 행위 자체로 호흡이 편안해진다.

세 가지 스승

스승은
지식을 전달하는
사람이 아니다.
열린 마음으로
스스로 찾는
자에게
스며들어
깨우침을 주는 것이다.

깨우침을
주는
모든 것

물, 바람, 공기
나를
스치는
모든 것이
스승이
될 수 있다.

오늘

나의 스승은

누구인지,

무엇일지

찾아가는 하루다.

스스로 배울 생각이 있는 한 천지 만물 중 하나도 스승이 아닌 것은 없다. 사람에게는 세 가지 스승이 있다. 하나는 대자연, 둘째는 인간, 셋째는 사물이다.

_ 장 자크 루소, 《에밀(Émile, ou De Éducation)》 중에서

지금 이 순간 필요한 스승을 찾는 안목과 자신의 스승이 되는 과정은 스스로 찾아가야 할 길이다.

꿈의 뒷바퀴를 돌아보자

꿈

코로나19가 지구를 침공하던 해, 사회의 일원으로 소속되어 일하고 있을 때는 느낄 수 없는 두려움이 몰려왔다. 생계를 위한 일을 물리적 환경으로 멈추게 되었을 때 위기감이 크게 다가왔다. 팬데믹을 경험하며 우리의 두려움은 실체를 드러냈다. 일자리의 멈춤, 그중에서도 소상공인·계약직 노동자·일일 고용직 등 취약 계층의 일자리가 가장 먼저 위협을 받았다. 특수 계약직인 방과 후 강사로 일하던 나는 기약 없는 일자리의 부재로 자존감이 바닥으로 떨어졌다.

일과 꿈의 두 바퀴 사이에서 고민하던 중 팬데믹은 행동을 만드는 자극이 되었다. '개학하겠지' 하고 막연한 기대감으로 뉴스를 봤지만, 개학 연기는 여러 차례 번복되었다. 마냥 손을 놓고 있을 수 없어서 내가 잘할 수 있고, 그동안 시간을 투자한 일이 무엇일까 생각해보니 서예였다.

두 바퀴로 가는 자동차

네 바퀴로 가는 자전거

물속으로 나는 비행기

하늘로 나는 돛단배

복잡하고 아리송한 세상 위로

오늘도 애드벌룬 떠 있건만

태공에게 잡혀온 참새만이 긴 숨을 내쉰다.

김광석의 노래 〈두 바퀴로 가는 자동차〉 가사가 귓가에 들려온다.

앞바퀴만 굴리던 일상이 멈춰버린 후에야 뒷바퀴를 보게 되었다. 결혼과 육아로 앞만 보고 페달을 굴리기에도 벅찼던 순간을 흘려보내고 나서야 꿈의 뒷바퀴를 찾게 된 것이다. 새벽까지 칭얼대며 잠투정이 심한 아이를 업고 잠들며 점점 희미해지는 꿈을 애써 못 본 척 빛바랜 종이 안에 접어두었다.

접은 선이 노랗게 변한 화선지를 펼치고 붓을 잡았던 그 시절, 뜨거운 열정으로 나아갔던 7년의 시간이 물거품이 되어 사라지지 않도록 녹슨 풀무에 바람을 일으켜 불씨를 살려보자고 마음먹는다.

일자리는 화폐의 가치를 제공하는 것 외에도 보이지 않는 시간의 대가, 삶의 가치를 포함하고 있다. 방과 후 강사로 활동한 지 20년이 흘렀다. 처음에는 졸업 후 부모님께 손을 벌릴 수 없었고, 임용 시험을 준비하느라 근무시간이 짧은 일을 찾다가 시작하게 되었다. 광주에서 임용 시험을 치르고, 하고 싶지 않은 일에 더는 시간을 낭비하고 싶지 않았다.

취미로 시작한 서예로 내 길을 걷겠다는 다짐을 굳히고는 부모님께 말씀드렸다. "임용 시험은 그만두겠어요. 서예를 하고 싶어요." 그때 붉으락푸르락하며 일그러지던 아버지의 얼굴이 선명하게 떠오른다. "더는 아버지 도움받을 생각은 하지 마라. 하고 싶은 대로 하고 살려면 나가서 혼자 살아." 아버지에게 따뜻한 말을 기대한 건 아니지만, 날카로운 칼에 손을 베인 듯 가슴이 저려왔다.

그리고 일주일 뒤, 아무 말 없이 짐을 챙겨 템플 스테이에 참여했다. 아무것도 없는 텅 빈 방 안에는 이불 한 채만 놓여 있었다. 고요히 앉아 있는 나의 내면에서는 밤새도록 수많은 생각이 난장을 벌이며 나를 괴롭혔다. 아버지와의 갈등, 불확실한 미래, 나의 결정에 대한 확신까지 어느 것 하나 잡을 수 있는 게 없었다. 그럼에도 결론은 내가 하고 싶은 일을 하자는 것이었다.

방과 후 강사로 일하며 주어진 시간에 최선을 다했다. 처음 시작은 왔다 갔다 차비나 될까 싶었지만, 수강 학생이 늘어나고 학부모들의 입소문도 좋아졌다. 일에서 얻는 성취감이 꿈을 향해 나아갈 힘을 실어주었고, 그 일이 없었다면 꿈을 실행할 경제력이 없어 포기했을지도 모른다.

요즘 MZ세대는 하고 싶은 일을 직업으로 삼는 것은 물론, 수익 창출까지 이어가는 멋진 삶을 사는 크리에이터가 많다. 그들이 창업으로 새로운 일에 뛰어드는 용기를 보면 고개가 숙여진다. 하지만 하고 싶은 일을 직업으로 갖지 못한 사람도 많다.

일과 꿈이 일치하지 않더라도 직업의 앞바퀴를 잘 굴리는 시간 속에서 삶의 가치를 얻는다면 꿈의 뒷바퀴를 자연스럽게 굴릴 수 있게 된다. 다만 뒷바퀴를 굴릴 수 있는 꿈이 삶에 스며들어야 한다. 오늘도 꿈의 뒷바퀴를 돌아보자.

24. 무딘 칼끝을 날카롭게 세우다

돌에 새겨질 글자를 상상해본다. 필요 없는 부분을 제거해 선이 드러나게 하는 것이다. 칼을 사용해 돌에 글자를 새기는 것을 전각(篆刻)이라 한다. 칼을 세워 돌을 깎아 글자를 새기는 것은 구속되어 있는 나를 드러나게 하는 과정이었다.

최고의 예술가는 대리석의 내부에 잠들어 있는 존재를 볼 수 있다. 조각가의 손은 돌 안에 자고 있는 형상을 자유롭게 풀어주기 위해 돌을 깨트리고 그를 깨운다.
_ 미켈란젤로

글을 쓰는 사람은 자신의 이름을 돌에 새겨 작품을 완성한 뒤 낙관(落款)을 찍는다. 낙관이란 이름이나 호를 돌에 새겨 찍는 것을 말한다. 서예에서 글씨가 작품 구성의 8할을 차지한다면 나머지 2할은 작품을 쓴 이유와 날짜 그리고 이름을 쓰고 각을 찍는 것으로, 여기까지 끝나야 완성했다고 할 수 있다.

〈세한도〉는 추사 김정희가 유배지인 제주도에서 변함없이 자신을 잊지 않고 연경에서 얻은 귀한 책을 보내주는 이상적에게 그려 보내는 편지다. 〈세한도〉를 자세히 살펴보면 구부러진 나뭇가지 위, 작품의 오른쪽 상단에 '세한도(歲寒圖)'라 쓰여 있고 '우선시상(藕船是賞) 완당(阮堂)'이란 글씨와 함께 붉은색의 각을 찍은 것이 보인다. 추사의 제자 이상적의 호가 우선(藕船)이다. 우선에게 이것을 감상해보라는 뜻이다. 하단에는 '장무상망(長無相忘)', 즉 오랫동안 잊지 말자는 의미의 글자를 각으로 새겨 찍었다. 각에는 자신의 호나 성명을 찍기도 하지만, 좋은 글귀나 그림 등을 다양하게 새길 수 있다.

서예의 한 부분이지만 전각은 예술의 한 분야로 충분한 매력이 있다. 돌 위 1×1cm의 좁은 공간은 칼을 들고 새김질을 하는 순간 우주가 된다. 칼을 들기 전, 돌에 새길 내용을 생각하고 구상하기까지의 시간이 가장 오래 걸린다. 방안지에 정밀하게 디자인한 후 돌에 새길 글자를 작게 돌 표면에 글을 쓰듯 반대로 옮긴다. 돌 위의 공간은 더는 작은 공간이 아니다. 두 눈을 가득 채운다. 인상에 돌을 끼워 고정시킨 후 칼을 잡는데, 종이 위에 획을 긋듯 돌 표면 위로 칼을 세워 잡는다.

사방 1cm의 좁은 공간은 눈동자의 시선을 지나 저 너머 넓은 세계로 이어진다. 손으로 칼을 잡고 무딘 칼끝을 세우면 다듬지 않은 날것의 선이 그어진다. 오돌토돌한 돌가루가 떨어지며 남긴 것은 글자의 무늬다. 획과 획이 만나는 공간, 그 안에서 만들어지는 여백은 글자의 음영으로 탄생한다. 무늬로 드러난 글자는 양이 되고, 드리워진 그림자는 음이 된다. 글자의 무늬가 몸을 낮추어 생긴 골짜기는 음이다.

전각은 '방촌(方寸: 한 치 사방의 넓이)의 예술'이라 불리는데, 방촌은 손가락 한 마디의 공간을 말한다. 음과 양의 조화는 붉은 인니(印泥)와 뜨거운 입맞춤 후에 종이 위로 선명한 모습을 드러낸다. 반대로 새긴 글자의 획은 종이 위에서 제 몸을 바로 세운다. 무딘 칼날에 나를 실어 예리하게 드러낸 붉은색 글자는 종이 위에 먹빛의 눈동자를 새기듯 완성된다.

㉕ 가을의 기다림, 붓끝에 담긴 간절함

기다림

。

선을 긋다 108

돌계단을 한 칸씩 오르자 넓은 잔디밭이 보이고, 그 잔디 위에 난 돌길을 따라가면 카페 입구가 나왔다. 카페의 첫인상은 통창으로 보이는 푸른 나무가 대표했다. 정갈하게 다듬은 나무는 햇살을 받아 초록빛으로 빛났다.

전시실과 카페가 이어지는 1층 공간에서 계단을 지나 2층으로 올라가자 키 작은 의자 앞 창밖으로 호수가 보였다. 묵직한 철문을 열고 나가면 나란히 놓여 있는 돌확 끝에 수면이 맞닿아 마치 호수 위에 앉아 있는 것 같은 착각이 들었다. 낮은 담을 돌아 올라가면 비탈진 지형을 살려 층층이 예쁜 정원이 꾸며져 있었다. 나무 의자에 기대어 누우면 수면에 비친 하늘과 산이 하나로 포개졌다.

바람이 물 위를 부드럽게 훑고 나뭇가지 위로 스쳐 지나간다. 쌀쌀해진 공기가 따뜻한 차 한잔에 데워진다. 목을 타고 넘어가는 따스함이 몸을 녹인다. 산과 물이 깊어가는 하늘, 가을이 가지 위에 걸려 있다. 흔들리는 잎새 사이로 햇살이 일렁인다.

나무 아래 앉아 문자향을 펼친다. 건들바람이 먹물을 머금고 종이 위에 선을 긋는다. 바람이 이는 숨결에 나를 실어 한 획을 더한다. 이 순간을 기다렸나 보다. 가을이다.

타닥타닥 파라솔을 두드리는 빗방울에 리듬을 맞추어 붓을 잡는다. 야외 나무 벤치 위에 앉아 문자향을 무릎 위에 올린다. 파라솔 끝에 맺힌 빗방울이 톡톡 벼루에 떨어진다. 가을의 기다림을 담는다. 한 획을 긋는 붓끝에 간절함이 담겨 있다. 붓을 거두는 그 자리에 마음껏 피워내길. 꽃이 지고 맨살을 드러낸 배롱나무 가지 끝에도 다시 봄이 올 것이다.

문자향과 계절을 담아 가을의 끝자락에 서 있다.

봄, 여름, 가을 그리고 향기로 물들어간다. 무엇을 담아냈을까?

26 내가 행복한 일을 할 수 있는 용기

행복

여행을 떠날
각오가 되어 있는

사 람 만 이

자기를 묶고 있는
속 박 에 서
벗어날 수 있다.

_ 헤르만 헤세, 시 '생의 계단' 중에서

부모님과 해외여행을 계획하고 패키지여행을 선택했다. 패키지라도 조금 여유로운 일정으로 골랐지만, 여행 첫날부터 거세게 쏟아지는 빗줄기에 마음이 심란해졌다. 다행히 착륙 후 조금씩 잦아드는 빗줄기에 감사했다. 선선한 가을에서 여름으로 시간을 거슬러 온 것같이 더운 날씨다.

고수의 향기에서 베트남에 도착했음을 실감했다. 여행의 설렘은 쏟아져 내리는 비에도 잦아들지 않았다. 표정 없는 아버지의 얼굴에도 어색한 미소가 흘렀다. '이거면 됐지.' 여행을 가기 전부터 가지 못할 온갖 핑계를 대며 가지 않겠다고 하셨지만, 함께하는 이 시간이 좋은 것이다.

아침 7시부터 시작되는 일정, 여행지를 돌다가 잠시 머물고 싶은 공간에 발길을 멈추기 어려운 패키지여행. 머물고 싶은 장소에서 여유롭게 걷고, 그곳에 앉아 천천히 느끼고 싶은 충동이 들었다. 인터넷 예약이 세계 어디든 가능해지면서 자유여행을 떠나는 사람들이 늘고 있다. 친구나 가족과 함께 또는 혼자 원하는 시간과 장소에서 오롯이 여행을 즐길 수 있는 여유를 선택한다.

문득 인생은 여행과 같다는 생각이 든다. 패키지여행처럼 누군가가 짜놓은 틀에 맞추어 살아갈 것인가, 아니면 감성적 모험주의자처럼 마음이 이끄는 대로 우연에 나를 맡긴 채 살 것인가.

지금의 나는 후자에 가까운 것 같다. 이는 서예를 할 때도 마찬가지다. 서예 공모전에는 똑같은 규격의 종이에 스승의 글씨를 닮은 수많은 작품이 보인다. 물론 나도 그랬다. 공모전 출품은 실력을 쌓는 과정이지만, 그 틀을 넘어 나를 담는 과정이 필요했다.

고요한 수면 위로 굽이굽이 펼쳐진 기암괴석과 노 젓는 여인들의 몸짓이 파란 하늘을 무대로 춤을 춘다. 병풍처럼 둘러싼 섬들 덕분에 파도가 없는 바다. 그래서 작은 배로 노를 저을 수 있다. 노을이 지는 순간, 이곳에 머물고 싶었다. 하지만 다음 일정을 위해 크루즈로 뱃머리를 돌린다.

아쉬움을 담은 관람차가 천천히 올라간다. 느리게 올라가는 관람차 창밖으로 하롱베이 시내에 불빛이 켜진다. 고개를 돌리니 아쉬움을 남기고 온 섬들이 한눈에 들어온다. 햇살 사이로 하얀 자태를 뽐내던 구름이 핑크빛으로 수줍게 물들어간다.

노을로 물든 관람차 안에서 보고 싶은 곳을 보러 왔다가 봐야 할 곳을 보고 있는 나 자신을 발견했다. 여행을 마치고 '삶'이라는 여행을 어떻게 누려야 할까. 해야 할 일을 해야 하는 삶의 여정 속에서 '내가 행복한 일'을 할 수 있는 용기를 얻는 것, 그것이 여행이 주는 선물이었다. 낯선 공기 속에서 민낯의 나를 만날 수 있는 용기가 솟아오르는 것처럼 일상에서 불쑥불쑥 올라오는 나의 감정을 누르기보다 자유롭게 놓아주기를.

문득 떠오른 생각을 거침없이 해보기, 혼자 영화 보기, 혼자 여행하기, 마라톤 도전 등 주저하지 말고 해보는 것이다. 나를 옭아맨 사슬을 풀어 던지고, 하루하루를 원 없이 사는 게 행복이다.

제 3 장

점을 찍다

27 가볍지 않은 종이 한 장, 책(冊)이 되다
28 악필인데 잘 쓸 수 있을까요?
29 정상에 오르면 보이는 것들
30 그네를 타는 듯한 몰입의 즐거움
31 세상의 가치로 연결해준 것은 사람이다
32 마음에 불을 지피는 서예가 되길
33 하루
34 서예, 나로 존재하는 시간
35 불꽃은 별빛으로, 별빛은 먹빛으로
36 나의 무늬를 그리는 일상
37 나를 막는 것은 바로 나다
38 나를 향해 걷는 한 걸음
39 그냥 걷듯이 매일 쓰는 것

가볍지 않은 종이 한 장, 책(冊)이 되다

책(册)과 사람(人)

갑골문에 나온 '책(册)' 자를 보면 둥근 원 사이로 여러 개의 획(卌)이 그어져 있다. 죽간을 엮어놓은 모습이 책이다. 책은 아직 경험하지 못한 시선으로 세상을 볼 수 있게 해주고, 과거와 현재를 이어준다. 그 시간 속에서 미래를 창조하는 것은 사람이다.

시커먼 물 폭탄이 터진 듯 쏟아지는 물줄기는 빗방울이라고 이름하기 힘들었다. 한순간 확 젖어버린 바지를 부여잡고 차에 올랐다. 파도처럼 부딪치는 물줄기를 피했다는 안도의 한숨. 젖은 몸을 등받이에 기대고 앉자 적막한 공기가 차를 두드리는 거센 빗줄기에 산산이 흩어져 바닥으로 가라앉는다. 서둘러 나온 데다 날씨까지 좋지 않았지만, 출발 시간에 도착할 수 있어 안도감이 들었다.

검은색 정장을 입은 듯 벤츠가 정차해 있었다. 내부의 푸른 조명은 채도를 낮추어 마음이 차분해졌다. 어색한 첫 만남이 낮은 채도 덕분에 쑥스럽지 않게 다가왔다. 탑승한 작가들과 간단한 인사와 소개를 마치고 빗소리에 서로의 안부를 물으며 달리기 시작했다.

인쇄소라는 간판이 없었다면 짐작하기 어려울 정도로 깔끔한 건물에 도착했다. 기억 속 시끄러운 소음과 잉크가 떨어진 지저분한 바닥이 인쇄소임을 방증하는 장면은 찾아볼 수 없었다. 건물 안에서는 기계가 돌아가는 규칙적인 소리가 들려왔다. 차가운 쇳소리의 부딪침은 따뜻한 종이 위에 글자의 무늬를 반복적으로 찍어내고 있었다.

글을 쓰면서 책 한 권에 시간과 사유, 고뇌가 스며 있음을 몸으로 느낄 수 있었다. 종이 한 장의 무게는 가볍지 않았다. 나무 한 그루의 삶이며, 작가의 인생을 닮은 우주였다. 가볍지 않은 한 장의 무게로 작가의 손을 떠나 책으로 만들어지는 과정 또한 녹록지 않았다. 여러 사람의 손을 거쳐 마지막에 책으로 탄생하기까지 종이 한 장 한 장의 무게는 삶의 중력으로 다시 태어나는 과정을 밟았다. 책 한 권의 무게가 다르게 느껴지며 책장을 넘기는 손길이 경건해진다.

인쇄소에는 봄, 여름, 가을, 겨울을 마주하듯 책 한 권의 사계가 공존하고 있었다. 오래된 책 표지, 추억을 떠올리게 해준 반가운 제목들, 천장까지 빼곡하게 가지를 드리운 지혜의 숲. 삶의 무게만큼 가볍지 않은 책이 가을 열매처럼 익어가고 있었다. 쓸쓸한 겨울을 맞이한 책이 이곳에서 사람들의 따스한 손길로 다시 싹을 틔우길 바란다.

돌아오는 길에 글쓰기와 서예에 대해 생각했다. 글쓰기는 일상적 존재가 나를 거쳐 새롭게 태어난다는 점에서 서예와 같았다. 글은 생각을 펼쳐 문장이 되고, 단락을 이룬다. 생각의 조각을 맞춰 한 편의 글이 된다면 서예는 글과 반대다. 생각의 흐름을 펼친 후 사유의 거름망에 걸러진 조각을 글자라는 이미지에 함축해야 한다. 한두 글자의 조형 안에 그림처럼 감정을 담아내는 것이다. 서예와 글쓰기가 이렇게 연결될 수 있다니 신비롭다.

　서예와 글쓰기를 함께 하면서 가볍지 않은 종이 한 장을 늘 마주하고 있다. 무엇을 담아볼까? 책이라는 글자가 떠올랐다. '冊'. 옛날에는 대나무를 쪼개 속껍질에 글을 쓰고 그것을 엮어 둥글게 말아서 보관했는데, 그 모습을 본떠 만든 글자다. 겹겹이 쌓인 생각의 조각들이 문자로 남겨진 지혜의 숲에 앉아 나를 기록해본다.

악필인데 잘 쓸 수 있을까요?

고 요

제3장 점을 찍다

서예는 쉽게 시작할 수 없는 취미라는 선입견을 가진 사람이 많다. 붓과 종이, 벼루와 먹을 준비해야 할 수 있기 때문에 불편을 느낀다. 하지만 붓을 잡고 몰입하는 시간을 경험해본 사람이라면 혼자만의 시간을 보내는 데 서예만 한 것이 없다고 이야기한다. 혼자 보내는 시간의 가치가 글씨라는 결과물로 보이기 때문이다.

쓰기와 읽기는 젓가락 한 짝이 나란히 놓이듯 작품의 소재가 된다. 지금까지 남아 있는 서예 작품의 내용은 책을 읽고 좋은 글을 임서(臨書)하고, 내 감정을 시와 글로 기록한 것이다.

붓의 기초적인 운필을 익히고 글씨체를 임서하는 과정이 지나면 모방에서 창작의 단계로 들어간다. '무엇을 쓸 것인가' 고민하며 당황해하던 내가 떠오른다. 평소 책을 보며 마음을 울리는 문장을 기록하는 과정에서 창작의 소재를 만나게 된다. 마음을 먹먹하게 하는 단어나 문장을 보면 창작 노트에 끄적인다. 머리에 스쳐가는 이미지를 낙서처럼 그려보는 것이다.

'신나'라는 작품의 경우 먼저 글자를 인식하기 전에 웃는 얼굴이 보인다면 성공이다. 이 작품은 신나는 얼굴 표정을 표현하고 싶은 내 감정을 글자에 '어떤 이미지로 담을까?' 하는 고민에서 시작되었다. '고요'라는 작품은 어느 봄날 산책길에서 만난 꽃봉오리를 보고 쓰게 된 것이다.

밤새 아무도 모르게 다녀가셨네요.
고요한 새벽
잠든 아이의 쌔근쌔근 숨소리에 놀라며
가지 끝 작은 꽃봉오리가 맺혔습니다.
봄은 이렇게 내 앞에 성큼 다가왔습니다.

'고' 자의 'ㄱ'은 담묵(淡墨; 옅은 먹)의 번짐을 이용해 불확실한 미래를, 'ㅗ'는 마른 가지 끝에 맺힌 꽃봉오리를 표현했다. '요' 자는 꽃봉오리가 피기 직전까지 자신의 일을 묵묵히 해내는 모습으로, 자아를 바라보며 명상하는 사람을 글씨에 담아보았다.

고요히, 하지만 꽃을 피우기 위해 치열한 시간을 견뎌낸 매화 가지에 깃든 봄을 바라본다. 글자의 조형과 획을 통해 나의 마음을 표현하는 시간은 설렘으로 가득하다. 매화가 추운 겨울을 견디고 맑은 향기를 내뿜듯 봄을 맞이하는 마음을 붓으로 표현해 본다.

이미지는 작품의 소재가 되기도 하고, 쓸모없는 낙서로 남기도 한다. 창작의 영감을 받고 쓴 글씨에는 문자이지만 쓰는 이의 감정이 담겨 있다. 모든 순간의 감동은 작품의 영감으로 이어진다. 그 감동의 순간을 붓으로 기록하고, 작품으로 함께 나누는 기쁨이 있다. 글씨에 나만의 스토리를 담아낼 수 있는 것이 바로 서예다. 그렇기에 글씨는 그 사람이 된다.

"저는 악필인데요, 서예를 잘할 수 있을까요?"라는 질문을 종종 받는다. 평소에는 글씨를 무의식적으로 쓰게 된다. 하지만 붓을 잡는 순간 의식이 깨어난다. 붓은 낯선 필기도구이기 때문이다. 부드러운 붓털을 움직이기 위해서는 의식을 집중해야만 한다. 그래야 생각을 글로 쓸 수 있게 된다. 방법을 익히고 익숙해지면 누구나 쓸 수 있는 것이 서예다. 악필을 운운하기 전에 화선지 위에 마음을 가지런히 내려놓아보자. 잘 써야 한다는 부담도, 부족하다는 채찍도 내려놓고 나를 놓아둔다. 몸의 긴장을 푼다. 몸도 마음도 한 올의 붓털처럼 가벼워지는 순간, 붓이 이끄는 대로 나아가보자.

29 정상에 오르면 보이는 것들

안개 낀 길을 걷는다. 천천히 걸으면서 멀리서는 보이지 않던 나뭇가지와 풀잎이 눈에 들어오듯 나를 들여다본다. '예민', '까칠', '고집', '고요', '정직'…. 나를 생각하면 떠오르는 단어들이다.

한라산 정상에 오르는 7시간은 오롯이 나로 존재한 시간이었다. 새벽 5시에 관음사지구야영장을 출발해 안개 낀 화강암 산책로를 가볍게 걷기 시작했다. 경사가 완만해 어렵지 않게 올라갔다. 처음 만난 탐라계곡 목교 앞 경사진 계단에서 그와 아이들은 더 이상 올라가지 못하겠다고 선언했다.

아쉬운 마음이 들었지만, 끝까지 함께 올라가는 건 힘들겠구나 생각하고 포기했다. 오히려 같이 내려가지 않은 나에게 서운함을 느끼지 않았을까. 하지만 제주도에 온 첫 번째 이유가 한라산 등반이었기에 그만둘 수 없었다. 탐라계곡의 나무 계단을 지나 완만한 오르막길 사이로 푸른 하늘이 삼각봉을 뽐내며 시선을 사로잡았다. 자연의 아름다운 프레임을 하나씩 보는 재미가 있었다.

사진으로는 담아낼 수 없는 자연을 눈에 담고 출발했다. 백록담까지 8.7km 거리를 4시간 걸려 도착했다. 올라가는 길은 쉽지 않았다. 잠시 멈춰 서서 보니 끊어질 듯 이어진 능선과 푸른 하늘빛이 무거운 다리를 위로해주는 것 같았다.

순백의 광목천으로 감싼 듯 서 있는 고사목은 날카로운 가지 끝이 마치 무언의 칼날인 듯 죽어서도 기세가 꺾이지 않고 당당하다. 시원한 바람이 흐르는 땀을 닦아주어 한 발 한 발 정상을 향해 발걸음을 옮겼다. 곧 끝날 듯하면서도 계속 이어지는 계단과 능선의 끝자락에 탁 트인 하늘이 보이는 가운데 거센 바람이 온몸을 차갑게 때렸다.

숨을 고르고 나니 시선이 가는 방향마다 각기 다른 모습으로 인사를 한다. 백록담은 생각과 다르게 물이 없었다. 깊게 팬 분화구는 초록빛으로 가득하고, 위로는 푸른 하늘과 대조를 이루고 있었다. 백록담을 등지고 바라보니 한라산의 우거진 숲 끝자락에 성냥갑처럼 조그맣게 들어앉은 제주시가 내려다보이고, 수평선과 하늘이 가늠되지 않을 정도로 파랗게 이어져 있다. 비가 온 다음 날이라 그런지 시야가 맑아 바다 위 작은 섬들까지 선명하게 보인다.

내려올 때도 한라산은 제 몸을 그냥 내주지 않았다. 화강암 지면은 땅을 살피며 내딛지 않으면 발을 삐끗해 발목 부상으로 이어지기 쉬웠다. 다리에 힘을 실어 가볍게 내딛는 발걸음으로 리듬을 타며 내려오니 올라갈 때보다 한결 수월했다.

"엄마, 힘들게 왜 산에 올라가? 여기서 봐도 보이는데?"

딸아이가 묻는다.

"가보지 않은 새로운 길을 가고 싶었어. 정상까지 오르면서 처음 마주하는 멋진 풍경을 볼 수 있거든. 사진으로는 느낄 수 없는 광경이야."

딸아이는 이해할 수 없다는 표정이다. 멋진 장면은 사진으로 보면 된다는 대답이 돌아온다. 어떻게 설명해줘야 딸아이가 경험해보지 않은 감정을 이해할 수 있을까.

낮은 곳에서는 볼 수 없지만, 정상에 오르면 보이는 것들이 있다는 걸 말로는 설명하기 어려웠다. 한 발씩 쌓인 발걸음은 '나'를 만들어가는 과정이며, 힘들어하는 나를 다독이며 다시 발걸음을 옮길 수 있게 하는 것도 바로 나라는 것을 이야기해주고 싶었다.

삶의 여정은 산을 오르는 것과 같으며, 끝없이 이어지는 오르막이 있으면 언젠가는 내리막도 나온다는 것을 알게 된다. 삶에서 최고의 한 컷을 만들기 위해 한 발을 내딛는다. 오늘은 내가 스스로 만드는 내 생애 최고의 날이다.

30. 그네를 타는 듯한 몰입의 즐거움

어릴 적 아파트에 사는 친구를 무척 부러워했는데, 이유는 놀이터였다. 아파트 놀이터에서 처음 그네를 타던 순간의 설렘을 잊을 수 없다. 하늘 위로 붕 떠오르는 몸과 함께 마음도 구름이 되었다. 짜릿한 느낌이 손끝까지 전달되었다.

새벽 운동을 하기 위해 밴드를 겨드랑이에 끼웠다. 두 손으로 탄력 밴드를 잡은 후 스쿼트 자세로 앉았다가 수직으로 뛰어오르는 동작을 반복했다. 그네를 타듯 밴드의 탄력에 의해 몸이 위로 올라가는데, 하늘을 나는 어린아이가 된 것 같아 기분이 좋았다.

나뭇잎 사이로 햇살이 드리운 그네 줄을 잡고 있는 손이 따스했다. 빛은 마음을 녹이고, 몸은 하늘 위로 올라간다. 두 다리에 힘을 주고 무릎을 펴 뒤로 갔다가 굽히며 앞으로 구르면 하늘로 올라가는 그네. 물기를 한껏 빨아들여 팽팽한 잎맥이

터질 듯 하늘 위로 날아오른 몸은 가벼운 날갯짓을 하는 새가 된 듯했다.

그네를 타듯 간지러운 짜릿함을 느낄 수 있는 또 다른 것은 서예였다. 붓을 들고 글을 쓰며 몰입하기 전에 느끼는 감정이 그렇다. 편안하게 쓰는 글에서는 느끼지 못할 때가 있지만, 공모전이나 개인전에 낼 작품을 준비할 때 이런 감정이 솟아나면 마음에 드는 작품을 얻을 수 있었다.

일상의 모든 일이 긴장과 설렘의 연속일 수 없다. 하지만 연인과 처음 손을 잡을 때의 떨림처럼 삶의 에너지를 얻는 나만의 소소한 일상을 기억하자. 몰입하는 그 순간의 감각을 꼭 기억하자. 기억된 감각은 반복을 통해 다시 몰입하는 통로가 된다.

세상의 가치로 연결해 준 것은 사람이다

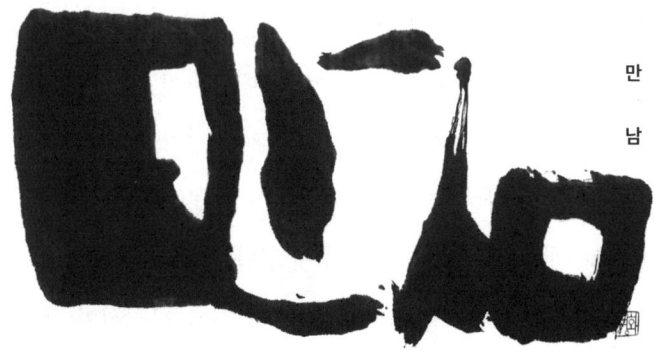

만남

제3장 점을 찍다

물건이 쓸모가 있기 위해서는 작은 부속품 하나가 빠지면 안 되는 경우가 있다. 예를 들어 볼펜의 스프링, 서랍을 움직이게 하는 레일, 냉장고의 문, 하루에 몇 번이고 여닫는 문의 경첩 같은 것이다. 작은 부품이지만 문을 쓸모 있게 만들어주는 역할을 하는 경첩이 없다면 문을 여닫을 수 없을 것이다.

내가 오랫동안 잡았던 붓을 세상에 쓰일 수 있게 해준 것은 사람이었다. 같은 장소, 같은 사람들에게 익숙해진 삶에서 새로움을 찾는 것은 쉽지 않았다. 내면으로 깊이 침잠해 나를 바라볼 필요도 있지만, 외적으로 새로운 분야의 사람들과 만남을 통해 생각지 못한 열쇠를 얻는 경우가 있다. 문을 쓸모 있게 만드는 경첩처럼 내가 가지고 있던 것이 새로운 분야의 사람을 만나 세상과 연결될 수 있었다.

만남이 멈춰버린 일상은 온라인이라는 세상에 발을 디디고 드나들게 했다. 실제로 얼굴을 마주하는 건 아니지만, 화면을 보면서 저 멀리 있는 사람과 방구석에서 대화를 할 수 있다니.

줌을 이용한 수업은 새로운 인연으로 연결되었다. 한 번도 만나본 적 없는 사람들이건만 독서와 자기 계발이라는 공통의 관심사로 이어졌다. 온라인에서의 첫 만남은 어색했지만 책을 읽으며 자신의 이야기를 자연스럽게 나누었고, 공감하며 가까워질 수 있었다.

 온라인 모임에 참여하면서 전혀 다른 분야에 있는 사람들의 생각을 듣는 것만으로도 자극이 되었다. 각자의 강점을 이야기하면서 서예를 하고 있다는 말이 자연스럽게 나왔다. 그러자 "함께 배울 수 있는 수업을 열어보면 좋겠네요"라는 말에 선뜻 대답을 하고 어떻게 해야 할지 고민하게 되었다. 온라인 환경이 낯설었지만 수업에 필요한 것을 찾아보고 배우면서 차츰 적응해갔다.

 줌 기본 사용법은 알고 있었지만, 주체가 되어 직접 해본 경험이 없었기 때문에 화면과 소리를 공유하는 데에도 애를 먹었다. 글씨를 쓰는 손을 비추는 카메라를 추가한 데다 듀얼 카메라까지 지정하느라 머리에 쥐가 났다. 하지만 손쉽고 빠르게 유튜브에서 관련 영상을 보며 배울 수 있었다.

 떨리는 마음으로 시작한 수업은 낯설었을 뿐 할 수 없는 일은 아니었다. 늘 부족하다는 생각에 사로잡혀 있던 터라 내가 할 수 있는 능력치가 2라면 0인 사람에게 나의 능력을 나눠줄 수 있다는 생각을 예전에는 하지 못했다. 그런데 새로운 만남이 나를 깨트리는 출발점이 되었다. 완벽하지는 않지만 한 발씩 나아가는 나를 지지해주는 사람이 있어 자신감을 얻을 수 있었다.

마음에 불을 지피는 서예가 되길

불씨

창가에 맺힌 빗방울이 햇살에 반짝인다. 차가워진 공기가 턱 끝까지 옷깃을 여미게 한다. 올려다본 하늘에 떠 있는 구름 한 점이 적막하다. 지평선이 내려온 듯, 하늘이 손에 닿을 듯 가깝다.

문자향을 들고 가을을 느끼기 좋은 날이다. 전라북도 완주군에 위치한 아원고택을 방문하면서 전에 그냥 지나쳐서 아쉬웠던 카페가 생각났다. 한 번 와본 길이어서 긴장보다는 설렘을 느끼며 달린다. 같은 길이지만 다른 풍경으로 다가온다. 뜨거운 햇살, 푸른 녹음이 붉고 노랗게 물들어간다.

주말 아침의 한산한 도로 위. 창문을 내린다. 이른 아침부터 분주히 움직이는 할머니의 손길에는 수확의 기쁨이 가득하다. 어릴 적 할머니가 아궁이에 불을 지필 때 나던 나무 타는 냄새와 흙 내음이 바람에 실려온다.

산과 물, 그 뒤로 펼쳐진 하늘이 깊다. 둑 위에는 하늘거리는 코스모스가 자신의 존재를 바람에 실어 보낸다. 탁 트인 저수지 옆, 둑길에 푸른 가지를 수면 위로 시원하게 뻗친 소나무 한 그루가 오롯이 서 있다. 'BTS 촬영지'라는 푯말이 보인다. 소나무 가지 끝은 산 능선과 저수지를 배경으로 한 장의 사진이 된다. 풍경이 아름다운 까닭에 이곳에서 촬영했을 것이다.

삼각대를 고정하고 문자향을 펼치자 바람이 불어 종이가 날아갈 것 같아 한 손으로 고정하고 붓을 잡는다. 물 위를 스치는 바람이 붓끝에 멈춘다. '기다림, 그 순간의 시간'이란 문장을 무심히 써본다.

자동차 소리에 이어 사람들의 발걸음이 우르르 몰려온다. 단체 여행을 온 모양이다. 근처에 카페가 많아 어딘가 들어가겠지 생각하며 종이 위에 시선을 고정한다. 뒤에서 발걸음 멈추는 소리가 느껴진다. 글을 마치고 시선을 돌리니 20명 남짓한 사람들이 보인다. "멋져요. 한 번 더 써주세요." 누군가의 목소리가 들린다. 사진을 찍기 위해 기다리고 있었다. 붓과 종이를 정리하고 있는 나에게 한 분이 다가와 인사를 건넨다.

"안녕하세요? 글 쓰는 모습을 보니 다시 붓을 잡고 싶네요."

"서예를 배우셨어요?"

"네. 5년 정도 배웠는데, 쓰려면 준비할 게 많아 귀찮고 번거로워서 그만뒀어요. 직접 만드신 거예요? 판매도 하나요?"

문자향에 관심을 가지고 질문을 쏟아낸다. 답변과 간단한 인사를 하고 자리를 비워주었다. 생각지도 않게 박수를 받으며 자리를 이동했다. 붓을 다시 잡고 싶은 마음을 느끼게 해주었다니 뭔지 모를 뜨거움이 벅차오른다. 선을 넘기 위한 발걸음으로 나아가지 않았다면 만날 수 없는 인연이다. "SNS에 사진을 올려

주목받고 싶어 하는 허세"라는 그의 말은 나를 무력하게 만들었다. 그런데 처음 만난 그녀의 한마디가 계속 붓을 잡게 했다.

　문자향과 붓을 잡은 시간은 '잘하고 있는 걸까' 하고 흔들리는 마음에 '의미 없는 일은 아니었어'라는 따뜻한 위로를 건넨다.

　마음은 불씨 같은 것. 말 한마디에 사그라들다가 되살아나기도 한다. 마음에 불을 지피는 말, 그녀의 말이 아직도 귓가에 맴돈다. 마음의 심지는 늘 있었나 보다. 바람에 흔들리는 불꽃처럼 잠시 의지가 사그라들었을 뿐 꺾인 건 아니었다. 불씨를 지키는 말, 그것을 키우는 말이 고마웠다. 붓을 든 나를 보고 그녀가 다시 붓을 잡고 싶은 마음을 느꼈다니. 나의 서예가 그랬으면 좋겠다. 마음에 불을 지피는 서예가 되었으면.

하
루

하루의 시간
한 장의 존재는 가벼움으로
지나치기 쉽다.

지나고 보면
그 하루가 켜켜이 쌓여
한 달이 되고
계절을 지나
내가 되는 시간이었다.

종이 한 장
결코 가볍지 않은
무게의 존재로
오늘을 마주한다.

34. 서예, 나로 존재하는 시간

불꽃 축제를 보고 싶다는 아이의 소망을 기차에 싣고 달린다. 기념사진 한 컷에 달콤한 귤처럼 이야기를 까먹는 사이 차창 밖으로 여수 바다가 보인다.

여수의 아르떼뮤지엄에 입장하자 깜깜한 공간이 이어진다. 안내등 불빛을 따라 통로를 지나자 나타난 첫 번째 방엔 핑크빛 벚꽃이 흐드러지게 날린다. 두 번째 빛의 공간은 바다다. 바람에 따라 달라지는 구름의 모양과 색감, 흩어지는 파도가 발끝에 부딪힌다. 영상과 파도 소리가 바다 앞에 서 있는 느낌을 준다. 어둠이 주는 용기에 나도 모르게 두 팔을 벌리고 뱅그르르 돌아본다.

"엄마, 멍때리기 좋은 데 조금 앉아 있다 가요."

"그래, 파도 소리가 좋다."

바닥에 앉아 두 발을 뻗고 소리에 젖는다.

출구를 못 찾으셨는지 할머니 손을 꼭 잡은 할아버지가 다시 들어왔다. 막 나가려던 우리와 함께 다음 방으로 걸어가는 두 분의 모습이 애틋하다.

막막한 미래는 어둠이 감싼 이 공간과 닮아 있다. 가보지 않고는 알 수 없는 길이다. 거울에 반사된 피사체는 무엇이 진짜인지 만져보지 않고는 구별할 길이 없다. 각자 걷는 길이지만, 서로 꼭 잡은 손에서 뿜어져 나온 온기가 빛이 되어주었다. 어둠의 빛을 지나자 한낮의 태양이 눈부시다. 꼭 잡은 아이의 손을 잠시 놓고 햇살을 만져본다.

허기진 배를 채우고 아쿠아리움으로 가는 길, 바다가 눈에 들어온다. 적당한 장소가 있으면 붓을 들고 싶은 욕심에 문자향을 챙겨서 나온 터다.

"바다도 볼 겸 잠깐 앉아 있다 갈까?"

옆으로 선착장이 보였다. 사춘기에 접어든 아이는 사진 찍기를 거부하며 뒷모습만 내준다. 덱에 앉아 사진을 찍고, 문자향을 펼친다.

"뭐라고 쓸까?"

"여수 밤바다, 어때요? 여수에 왔으니까."

붓을 들고 '밤바다'라고 써본다.

가족과 함께했던 여수, 그와 함께 걷던 길, 지금 이 순간 나와 겹쳐진다. 그리고 붓을 든 이 순간은 나로 존재한다.

"엄마, 엄마는 붓글씨 왜 써요?"

"음, 그 시간은 엄마가 아닌 '나'로 있기 때문이야. 서우가 좋아하는 뜨개질을 하는 것도 누가 시켜서 하는 게 아니잖아. 내가 원하는 걸 하는 것, 엄마에게는 서예가 그런 거라고 생각하면 이해할 수 있을까?"

아이는 말없이 고개를 끄덕이며 사진을 찍어준다. 훌쩍 커버린 아이의 마음을 읽으며 발길을 옮긴다. 따스한 햇살, 시원한 바닷바람이 등 뒤를 가볍게 밀어준다.

㉟ 불꽃은 별빛으로, 별빛은 먹빛으로

별

제3장 점을 찍다

여수 이순신광장에 도착하기 전부터 횡단보도와 인도 앞에 줄지어 서 있는 사람들이 까마득하다. 광장 근처 맛집을 찾은 사람들과 불꽃놀이를 구경하려는 사람들로 발 디딜 틈이 보이지 않는다.

축제 3시간 전, 광장 앞은 돗자리를 펴고 앉아 있는 사람들로 가득 찼다. 가족이나 친구들과 함께 온 사람, 손을 꼭 잡은 연인들이 보인다. 자리를 잡고 앉아 여행의 소중한 시간을 보내고 싶지 않았다. 하늘에서 터지는 불꽃이 보이는 위치에 잠깐 서 있으면 될 것 같아 굳이 자리를 잡지 않았다. 기차 시간에 맞춰 출발하기 위해 셔틀버스 타는 곳을 확인한 후 식당으로 향했다.

저녁을 먹고 광장 주변을 산책했다. 계단을 오르자 진남관 앞이다. 여수 바다가 한눈에 들어오는 이곳은 이순신 장군이 전라좌수영 본진으로 사용하던 건물이다.

"여기가 딱 좋네. 사람도 많지 않고, 광장이 한눈에 들어오는데다 높아서 잘 보이겠어."

"싫어요. 저는 가까이에서 보고 싶어요."

아이가 원해서 오게 된 여행이니 더 이야기하면 안 되겠다 싶어 광장으로 발길을 돌렸다.

축제 시작 시간이 가까워지자 광장은 통로를 빼면 앉을 수 있는 공간이 없었다. 개막식을 알리는 폭죽이 터지자 앉아 있던 사람들은 맡아놓은 자리가 무색하게 일제히 일어섰다.

축제가 시작되자 음악과 함께 폭죽이 터지며 깜깜한 하늘 위로 반짝이는 구슬이 쏟아진다. 사람들의 함성이 가슴을 두드린다. 아이는 설레는 눈빛으로 동영상을 찍는다. 카메라를 들었다가 두 손을 내린다. 두 눈에 비친 불꽃이 별빛으로 빛난다. 인파 속에 서 있는 모든 이의 가슴에 불꽃이 터진다. 누군가는 불꽃처럼 타오르는 사랑을 꿈꿀 테고, 누군가는 가슴 설레게 하는 꿈을 꿀 테고, 누군가는 사랑하는 이와 함께 따스한 추억을 만들겠지. 내 안의 작은 불꽃을 본다.

광장 앞 바다 위에서 펑펑 터지는 불꽃은 별빛이 되어 보는 이의 마음을 밝히는 것 같다. 바다 위로 떨어지는 불꽃을 보며 빈센트 반 고흐의 〈론강의 별이 빛나는 밤〉을 떠올려본다.

고흐는 외로운 밤이면 론강의 적막한 어둠 속에서 다양한 빛을 그렸다. 그의 그림 속에서는 보랏빛 하늘, 푸른빛을 띤 론강, 강을 비추는 노란 가스등이 물결치듯 반짝인다. 물빛은 별빛이 되어 일렁인다. 귀한 시간을 자리 잡는 데 허비한 사람들의 모습을 안타깝게 생각한 건 나의 편견이었다. 자리는 그들만의 별빛을 만날 공간이자, 자기 안의 빛을 마주할 장소일 테니까.

어둠이 내려앉은 밤, 론강에서 고흐가 본 푸르고 노란 희망의 빛은 까만 먹빛에도 깃들어 있었다. 흔히 먹색을 까만색으로만 알고 있는데, 먹색에도 다양한 빛깔이 담겨 있다.

먹물에 물을 부어 농도를 조절해 선을 그어본다. 구름처럼 포근하고 옅은 회색의 먹빛부터 산 능선이 겹겹이 겹쳐지며 안개 낀 듯 먼 산의 옅은 먹빛, 어둠이 내려앉은 가까운 산의 진한 먹빛까지 다양한 스펙트럼의 먹빛이 있다. 종이 위에 먹물을 찍고 물을 떨어뜨려 먹이 번지는 과정을 지켜보면 한 송이 꽃이 피어나듯 다양한 먹빛이 한 올 한 올 피어남을 알 수 있다. 나의 먹색에도 고흐가 보았던 희망을 담은 푸른 먹빛이 존재한다.

파랗고 노란 별빛이 떨어지며 소리 없이 불꽃이 터진다. 광장을 빈틈없이 채운 사람들의 눈망울에 각기 다른 별빛이 반짝인다. 마음에 자리한 별빛이 다양한 색채로 반짝이는 세상을 꿈꿔본다.

36 나의 무늬를 그리는 일상

첫눈이 내린 아침, 눈 위로 부서지는 햇살은 눈과 함께 사라진다. 오후가 되자 눈은 온데간데없고 풀밭에 듬성듬성 자취만 남아 있다.

솔잎이 수북이 내려앉은 산책길 옆에 벤치가 보였다. 가까이 걸어가자 추위에 움츠러든 몸이 솔향기에 녹아든다. 기분이 좋아지는 그 향기는 내게 익숙했다. 먹향, 좋은 먹에서 나는 소나무 향기였다.

문자향을 테이블 위에 펼치고 종이를 준비했다. 눈이 녹으면서 종이 위로 타닥타닥, 벼루 위로 뚝뚝, 머리 위로 또르르 떨어져 목덜미를 따라 흘러내린다. 먹물을 묻힌 붓을 잡고 생각에 잠긴다. 가을과 겨울이 공존하는 오늘, 겨울이 스치고 간 자리에 단풍이 더욱 붉게 물들어간다.

차가운 손끝을 붓에 의지해본다. 아무도 밟지 않은 순백의 눈밭이 내 앞에 펼쳐져 있다. 먹물을 묻혀 첫 획을 긋는다. 묵직하게 찍은 점, 서서히 번지는 선을 따라 그려지는 곡선의 끝에서 다음 획과 마주한다. 흔들리는 바람에 구름이 흘러가듯 하루가 저물어간다. 구름이 일고 바람에 흩어져도 하늘은 변함없이 그대로다. 붓을 잡는 평범함이 타인과 다른 나이며, 나의 무늬를 그리는 일상이 되어간다.

37 나를 막는 것은 바로 나다

답을 찾는데 질문이 뭐였었는지
내가 날 잃어버렸나
너무 늦어버렸나
아니면 나를 막는 게 바로 나인가
(중략)
내 안에 들리는 소릴 외면하지 마
다신 안 올지 몰라 이 기회를 마지막이라 생각해
미련이 남게 하지 마.

유튜브 강의를 듣다가 우연히 듣게 된 골든걸스(Golden Girls)의 〈One Last Time〉다. 건너뛰기를 하지 않고 끝까지 들었다. 내 이야기를 하고 있었기 때문이다.

뜨거운 가슴으로 붓을 잡았던 20대 이후, 열정이 식어버린 내가 있었다. 다시 시작하고 싶은 미련은 일상의 수면 아래로 가라앉아 있었고, 파도가 치며 물거품 위로 올라올 때면 불편한 감정을 직시하지 않고 '너무 늦은 건 아닐까'라는 이유로 외면했었다. 나를 막는 것은 누구도 아닌, 바로 나였다. 먼저 나를 넘어서는 것이 시작이었다.

박진영의 프로듀싱으로 평균 나이가 59세인 걸 그룹 '골든걸스'가 탄생했다. 인순이, 신효범, 박미경, 이은미는 최고의 정점을 찍은 가수들이다. 각자 고유의 음색으로 대중에게 사랑받고 있는 이들인 만큼 걸 그룹 도전은 무모하다고 생각할 수 있겠지만 나에게는 참신하게 다가왔다. 이미 가수로서 인정받는 편안한 일상에 불편한 변화를 불러오는 도전이었으니까.

안무를 익히고, 가사를 외우고, 반복되는 연습에 체력이 고갈되면서도 도전하는 모습이 감동을 주었다. 감동의 이유는 그들이 멋진 무대를 위한 눈물 나는 노력뿐만 아니라, 자신만의 음색으로 오랜 시간 쌓아온 저력을 아낌없이 보여준 데 있다. 가수로서 최선을 다해 살아온 시간이 그들에게 특별함을 부여한 경험을 가지고 있는 것이다. 박진영은 그 힘을 믿고 투자자가 없었음에도 도전할 수 있었다고 생각한다.

누구나 눈에 보이는 멋진 모습 뒤에는 보잘것없는 시작이 있다는 것을 생각하지 못한다. 부러워하기만 하거나, 결과를 보고 '내가 할 수 있겠어? 시작하기엔 너무 늦었어' 하고 미리 포기해버린다. 보이지 않는 시간을 견뎌내야 하는 것은 각자의 몫이다.

호수 위를 유유히 유영하는 오리 떼가 자유로워 보인다. 하지만 그들이 수면 아래서 발을 쉼 없이 움직이고 있다는 걸 인간은 망각한다. 나에게 주어진 '이 시간'은 한 번뿐이다. 마지막인 것처럼 내 안의 모든 것을 쏟아보자.

38 나를 향해 걷는 한 걸음

전라북도 부안으로 혼자 떠나는 여행. 구름처럼 몽글몽글 마음이 부푼다. 처음 운전대를 잡던 날처럼 긴장되지도 않는다. 두 번째 가는 길에는 미리 준비한 커피를 신호 대기 시 한 모금 마실 수 있는 여유가 생겼다. 내비게이션의 안내 음성을 놓칠 수 없어 라디오 볼륨을 낮추고 음악에 몸을 실어본다.

바다가 보이기 시작하니 거리가 얼마 남지 않았다. 출구를 지나쳐 빙 돌아 들어가는 길, 고즈넉한 마을이 한눈에 들어온다. 집이 몇 채 되지 않는 마을은 오른쪽으로 산 능선이 길게 둘러싸고 있고, 왼쪽에는 방파제가 곧게 뻗어 있다.

숙소 체크인 시간보다 일찍 도착해 건물 아래쪽 바다로 발걸음을 돌렸다. 파도가 잔잔하게 출렁이며 꽁무니를 빼는 중이었다. 산 능선이 두 팔로 바다를 감싸안은 듯 아늑한 모습과 고요한 파도 소리에 마음이 풀어졌다.

물이 빠진 갯벌에는 배 한 척이 휴식을 취하고 있고, 바닷가는 은둔처가 되어주었다. 햇살이 부서지는 수면 위로 배 한 척이 유유히 지나가듯 붓이 종이 위에 선을 긋는다. 고운 모래 위에 삼각대를 세운 뒤 문자향을 펼치고 바다가 나에게 물어온 것들을 담아본다. 파도에 실린 먹 향이 종이에 부딪혀 글자가 되어 대답한다.

무엇을 위해 이렇게 달려온 것일까? 붓을 잡은 시간은 손에 잡힐 듯하건만, 내 주변에 늘 존재하는 서예를 스스로에게 증명해 보여주고 싶었다. 마음의 선을 넘어 여기에 서 있는 지금, 바람이 스치는 종이 위로 붓을 잡은 내가 있다. 바다의 공기를 즐길 수 있는 내가 있다. 글을 쓰는 시간이 쌓여가고, 이제 얼마 남지 않은 여정이 기다린다. 더 나아가야 할 시간이지만, 멈춰 있는 내가 두렵다. 잘하려는 욕심과 '내가 할 수 있을까'라는 부정적 생각을 뛰어넘고 싶다.

바람에 나부끼는 얇은 종이 한 장은 무게조차 느껴지지 않는다. 느낄 수 없는 가벼운 존재이지만, 매일 한 장 한 장 쌓여 삶에 뿌리를 내리고 있다. 붓을 잡는 삶은 글을 쓰는 시간으로 스며들어 오늘을 단단하게 채워가고 있다.

붓을 내려놓고 바위 위에 앉아 구름 사이로 인사하는 햇살을 마주한다. 파도가 치고, 바람이 불고, 철새가 열을 맞춰 하늘을 나는 하루. 매일 같은 것처럼 보이는 파도도 높이가 다르듯 나의 무늬도 매번 다르게 그려진다. 문득 어떤 무늬가 그려질지 궁금해진다. 시작한 이 여정을 끝까지 가봐야만 내가 그리는 문자의 무늬를 볼 수 있을 것이다.

거센 파도가 몰아쳐도 결국은 잔잔한 수면이 된다. 갯벌에 드러난 수많은 돌멩이 중 같은 것은 단 하나도 존재하지 않는다. 조개껍데기 하나를 주워 펄럭이는 종이 위에 올려놓자 세상에 하나밖에 없는 문진이 된다. 나를 향해 걷는 발걸음에 먹 향이 스며든다.

㉟ 그냥 걷듯이 매일 쓰는 것

그 냥

제3장 점을 찍다

일요일 아침, 산책길을 나선다. 누군가 시계를 빨리 돌려놓은 듯 포근해진 날씨가 봄을 알린다. 휴대폰에 거리를 설정하고 달리기 시작했다. 공기가 따뜻해서 손은 시리지 않지만, 입김에 안경이 뿌옇게 흐려진다.

요즘 글쓰기에 뿌연 안개가 드리워졌다. 손을 놓고 있다 책을 펼치고, 모닝 글쓰기로 무엇이라도 써보는 중이다. 퇴근 후 지친 발걸음으로 계단을 오르며 하루의 피곤을 땀으로 내보낸다. 걸어 올라갈수록 생각은 발아래로 사라진다.

한 계단씩 생각을 내려놓고 발걸음을 옮긴다. 유튜브 강의 내용 중 무엇이라도 우연히 내 생각과 연결될 때면 땀 흘려 운동을 마쳤을 때처럼 상쾌한 기분이 든다. 힘들게 운동하고, 산에 오르고, 글을 쓰는 일이 그렇다. 힘든 일을 왜 사서 하냐고 묻는다면 경험해야만 느낄 수 있는 짜릿함 때문이라고 답하겠다.

달리는 발걸음에 머리는 물론, 등까지 땀에 젖어간다. 멈추면 땀이 식어 춥기 때문에 적정한 속도를 유지하며 계속 달리는 것이 최선이다. 흐렸던 하늘에 구름 사이로 해가 비치기 시작한다. 햇살이 비치자 공기의 온도가 달라지는 것을 피부로 느낄 수 있다. 잠시 하늘을 올려보다가 포효하는 용을 발견하고 발걸음을 멈춘다.

초등학교에 입학하기 전, 어느 여름이었다. 장난감도, 함께 놀 친구도 없었던 할머니 집에서 구름은 상상의 놀이터가 되었다. 보고 싶은 엄마의 얼굴이 되었다가 먹고 싶은 딸기가 되기도 했고, 나비가 되어 날아오기도 했다. 구름이 그린 그림은 내 마음을 그대로 닮아 있었다. 내 안에 깃든 뜨거운 불꽃을 품고 싶은 바람이었을까.

산책길에 버려진 항아리를 모아 가지런히 담장을 꾸민 정원이 보였다. 늘 그 자리에 있던 항아리이지만 오늘에야 눈에 들어왔다. 쓸모없는 것에 쓸모를 찾아주는 일은 저절로 되지 않는다는 것을 안다. 그곳에 항상 마음이 가 있어야만 새로운 가치를 만들어낼 수 있다.

같은 길을 달려도, 같은 것을 보아도 새로움을 발견하는 하루를 만들 수 있는 것은 글을 쓰기 때문이다. 서예도 멈추지 않고 붓을 잡아야 획을 긋는 익숙함 속에서 새로운 획을 찾을 수 있다. 그냥 걷듯이 매일 쓰는 하루를 시작한다.

제 4 장

선을 긋다

40 선을 굿다
41 마음의 선을 지우다
42 영혼을 굿는 한 획
43 두 자아의 줄다리기
44 휴일 카페에서 나를 만나다
45 애쓰지 않아도 아침은 밝아온다
46 붉은 먹으로 하루를 깨우다
47 문자의 향기, 시의 집
48 종이 위에 물든 노을
49 마라톤, 끝까지 달리는 마음
50 꺾이지 않는 너
51 보이지 않는 길
52 쓰고 싶은 마음이 밀물처럼 밀려오길
53 존재의 순간, 획이 그어지는 찰나

선을 긋다

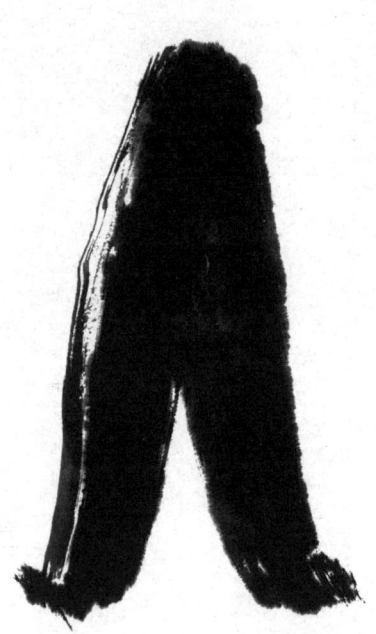

선

오디션 프로그램에서 두 명의 참가자가 '골목길'을 부르는 미션이었다. 원곡을 기억하는 나에게 두 가수가 부르는 '골목길'은 전혀 예상치 못한 음색과 목소리여서 "이게 '골목길'이라고?"라며 의심하게 만들었다. 원곡의 가사에 자신의 경험과 감성을 담아낸 노래는 이전까지와는 전혀 다른 새로움으로 다가왔다.

선은 서예의 본질이지만, 본질을 깨닫고 나서는 운필을 넘어선 일탈이 필요하다. 붓의 운필을 익히고, 생각과 일치하게 붓을 움직일 수 있는 기술적 방법도 익혀 몸에 익숙해지게 해야 한다. 여기서 한 발 더 나아가는 방법은 그동안 익힌 기술에 구속되지 않는 것이다. 익숙해진 운필을 무의식적으로 사용할 수 있는 단계, 이 단계에서 법을 넘어 자유롭게 표현하는 방법을 찾아야 했다. 중요한 것은 내가 느끼는 아름다움을 선에 담아 표현할 수 있느냐다.

텅 빈 종이 위에 선을 그으면 붓이 지나간 자리에 선과 여백이 드러난다. 선을 긋는 행동은 공간을 분리하는 것이다. 붓을 잡기 전, 글씨의 획과 구조는 이미 의식 속에 완성되어 있다. 머릿속에 구상한 선은 먹물을 흠뻑 적신 붓이 종이와 만나며 예견된 획으로 구사되기도 하지만, 생각보다 못한 획이 나올 때도 있다. 그런가 하면 실패라 여긴 선이 오히려 좋은 선질로 표현되는 경우도 있다. 쓰다 보면 먹물이 부족해 갈라진 붓끝을 달래며 천천히 내려 그은 획이 가는 철사를 세워놓은 듯 느낌 있는 선이 되기도 하는 것이다. 이처럼 의식과 무의식이 공존하며 여백이 만들어진다.

의식은 무의식의 공간을 낳고, 운필에 익숙해진 붓은 자유를 위한 일탈을 원한다. 채움과 비움의 여백이다. 수많은 점이 모여 선이 된다. 선은 곧 점이고, 점 이전은 나의 의식이다.

익숙해진 서예의 선을 넘고 싶었지만, 어떻게 해야 하는지 방법을 몰라 헤매고 있었다. 한 번도 하지 않은 것을 해보는 것, '내가 할 수 있을까?'라며 자신 없는 것을 해보는 것이었다. 내가 생각하는 '나'의 틀을 깨는 것이 선을 넘는 방법이었다. 한계를 넘는 것은 자아를 깨는 일탈이다. 《데미안》에서 싱클레어의 거짓말이 알을 깨는 첫 두드림이 되었듯이 말이다.

의식, 점, 선
선을 긋다.
공간을 나누다.

여백

여백의 공간

삶의 본질을 깨닫는 것

나를 내려놓으면 비로소 충만해진다.

41 마음의 선을 지우다

삶의 방향을 바꾸고 싶다면 의식의 변화를 몸이 따라갈 수 있도록 끊임없이 대화해야 한다. 인생을 바꾸고 싶다면 나를 변화시키는 것부터 시작해야 한다.

아이가 낯가림이 심하면 엄마의 품을 떠나지 않듯, 삶의 익숙한 장소를 떠날 때 두려움은 마음을 얼어붙게 한다. 첫 만남의 어색함은 공통의 관심사를 이야기하며 지워진다. 익숙한 공간과 사람들 속에서 나를 벗어난 일탈을 꿈꾸지만, 타인의 시선으로 고개를 숙일 때가 있다.

마스크 안에 숨어 있던 얼굴을 드러내는 것이 어색하듯 내면의 자아와 만나는 일도 어색하다. 낯선 자아를 바라보고 끊임없이 대화해보자. 여행에서 낯선 장소가 평소의 무덤덤한 감성을 자극해 예민하게 관찰하고 느낄 수 있는 오감을 깨워주듯, 새로운 만남과 시도는 닫혀 있던 마음의 빗장을 열어주었다.

만나지 못하던 인연은 온라인을 통해 이어졌다. 전국 각 지역에 흩어져 있어 평소라면 생각지도 못했을 테지만, 코로나19 시국이다 보니 줌으로 연결되었다. 온라인에서 북 클럽을 시작하며 서예를 하는 나를 드러낼 수 있었고, 함께한 지인들의 격려와 용기로 재능 기부를 시작했다. 온라인 수업은 해본 적 없던 첫 시도였다.

나이를 불문하고 뇌는 계속 사용하고 자극하면 발달한다는 실험 결과가 있다. 뇌가소성이란 사용하지 않은 뇌 부위에 자극을 주면 발달하는 것을 말한다. 하지만 자극을 주어도 뇌가소성이 일어나지 않는 실험 결과가 나와 있어 소개해본다.

2011년 한국의 한 연구팀이 양궁 선수를 연구했다. 경력 10년 이상의 양궁 선수 20명이 참여해 올바른 활쏘기 자세를 보여주는 영상을 보았다. 선수들의 뇌에서는 운동을 담당하는 영역이 활성화되었다. 대조군 20명은 양궁 경험이 없는 사람으로 구성되었다. 대조군은 영상을 보았으나 운동 영역이 활성화되지 않았다. 활성화되지 않은 이유는 첫 번째, 양궁 선수의 경우 양궁 경험을 통해 뇌에 활을 쏘는 세밀한 경로에 대한 구조가 연결되어 있다. 구조가 연결되어 있기에 영상을 시청함으로써 경로가 강화된 것이다. 두 번째, 대조군은 뇌에 경로가 없기 때문에 영상을 봐도 뇌가 반응하지 못한 것이다. 즉 경험의 유무에 달려 있었다.

_ 김대영, 《결국 성취하는 사람들의 뇌는 어떻게 만들어지는가?》 중에서

관심이 생기고, 하고 싶은 취미가 있다면 주저하지 말고 경험해보기를 추천한다. 관심의 작은 씨앗이 불씨가 되어 뇌를 발달시키고, 나아가 특정 분야의 능력을 향상할 수 있는 경로를 만들 수 있다. 마음은 있는데 할 수 있을까 고민하지 말고 그냥 해보는 것부터가 시작이다. 몸으로 경험해보면 생각과 다르게 느껴지는 것이 있다. '생각보다 흥미롭고, 잘할 수 있겠는데?'라는 식으로 생각과는 다른 무언가를 몸으로 느낄 수 있게 된다.

매일같이 밥을 먹고 양치하는 것처럼 오랜 시간 반복해 익숙해진 후에는 매일 연습하지 않아도 능력을 잃어버리지 않는다. 하지만 미세한 감각은 떨어질 수 있다. 연습할 수 없는 몸 상태가 되거나 공간의 제약이 있을 때 사용할 수 있는 방법이 이미지 트레이닝이다. 의식이 붓을 잡고 글을 쓰는 것이다.

머릿속으로 종이 위에 글을 쓰고 있다고 상상해보자. 붓의 움

직임을 자세히 그려본다. 먹의 농담(濃淡; 진하고 옅음)과 윤갈(潤渴; 먹색의 윤기와 마름의 정도)을 표현하는 붓의 갈라진 털끝까지 떠올려본다. 창밖을 두드리고 지나간 자리에 빗방울이 맺혀 있다. 바람이 빗방울을 흔들듯 붓끝이 지나간 종이 위로 의식의 춤사위가 펼쳐진다.

42
영혼을 긋는 한 획

작곡가에는 세 종류가 있다. 첫 번째는 학문적 음악을 고안해내는 사람이다. 그들은 지성을 통해 감각에 호소하는, 교묘하고도 미묘하고 효과적인 음악을 탐구하고 편곡한다. 두 번째는 자신의 감성을 소리라는 매체로 바꾸는 기술을 터득한 사람이다. 그들은 음악을 창조하는 자신의 기쁨이나 슬픔을 직접 청중의 마음에 호소하고, 그 음악이 환기하는 기쁨이나 슬픔 그리고 과거의 행복했던 추억에 청중이 눈물짓게 한다. 세 번째는 잠재의식적으로 그의 혼이 어떤 다른 세계의 멜로디를 듣고 있는 사람이다. 그들은 이것을 인간의 귀에 즐겁고 이해하기 쉽게 표현할 수가 있다.

_ 이사도라 덩컨, 《이사도라 덩컨의 무용에세이》중에서

서예가에는 세 종류가 있다. 첫 번째는

학문적 서예로 법첩(法帖)을 익히고, 문헌을 연구하고 학술적 연구를 통해 가치를 발견하는 사람이다. 서예를 법첩과 글로만 익힌다면 오래된 문자의 틀에 머물러 있을 수밖에 없다. 이렇게 쓰는 글은 필사이지 작품이 될 수 없는 이유다.

두 번째는 생각을 문자로 표현하기 위한 기술을 터득하는 사람이다. 최소한 글자에 자신의 감정과 생각을 표현할 수 있어야 서(書)가 아닌 서예(書藝)가 될 수 있다. 서는 글자의 형태를 쓰는 행위 그 자체를 말하며, 서예는 쓰는 이의 생각을 선에 담기 위한 고뇌가 깃들어 있는 것을 말한다.

세 번째는 영혼을 표현하는 사람이다. 이는 내가 조금이나마 깨닫고자 하는 것이자 결핍의 부분이다. 아직 경험해보지 못한 경계의 문이기도 하다. 자기 안의 신명을 마주한 사람의 글씨는 타인의 눈을 통해 감동을 전달한다.

자유로운 춤꾼인 이사도라 덩컨과 홍신자는 춤으로 온전히 나만의 삶을 살아낸 사람들이다. 홍신자는 인도에서 오쇼 라즈니시를 만난 후 '나'를 벗어던지기 위해 옷을 벗고 춤을 추었다. 여기서 옷은 단순히 의복의 의미가 아니라 자신을 포장하고 있는 '나', 타인의 시선에 비쳐진 '나'를 뜻한다. 라즈니시의 옷을 벗으라는 말에는 나와 타인 그리고 세상에 비쳐지는 '나'를 벗어던지고 자아가 원하는 진정한 '나'를 찾는 춤을 추라는 의미가 담겨 있다. 그 과정을 통해 홍신자는 타인의 시선에 갇힌 '나'를 버리고 자유를 찾았다.

〈이사도라 덩컨의 무용에세이〉를 읽으며 덩컨이 시대를 앞서간 실천가였음을 알 수 있었다. 홍신자도 여성에 대한 편견과 사회적 제약에서 벗어나 자유를 꿈꾸며 실천하는 모습이 닮아 있다.

20대에 강령탈춤을 배웠던 기억이 떠오른다. 아침부터 저녁까지 온종일 밥 먹는 시간을 제외하고 탈춤을 췄다. 2주의 시간 동안 빠른 춤동작보다는 정적인 동작을 표현하는 것이 더 어렵다는 것을 느꼈다. 느린 동작의 춤을 표현하려면 호흡이 중요했다. 숨을 천천히 내뱉고 멈추며 몸을 움직여야 했다. 호흡을 놓치면 몸이 흐트러지기 때문이었다.

춤을 추는 것은 붓을 잡고 글씨를 쓰는 것과 닮았다는 생각이 든다. 서예의 서체 다섯 가지 중 행서(行書)와 초서(草書)가 있다. 걸어가듯 속도감이 있는 글씨체다. 속도감이 있는 글씨를 보면 빨리 써야 할 것 같지만, 움직임과 멈춤이 함께해야 속도에 리듬감이 생긴다. '덩 덕 쿵 덕 쿵' 장단에 맞춰 탈춤을 추듯 글씨에 리듬감이 없으면 밋밋하고 심심한 획이 된다는 걸 알게 되었다.

강령탈춤에는 말뚝이, 목중, 상좌 등 다양한 인물이 등장한다. 그중에 상좌의 춤사위는 승무와 비슷하다. 멈춰 있는 듯 천천히 동작을 시작하고 두 손을 합장하는 동작, 다리를 구부렸다 펴는 굴신 동작을 하루 종일 연습하느라 저녁에는 녹초가 되었다. 상좌의 춤사위 중 앉았다 천천히 일어서며 다리를 올릴 때 선생님의 동작은 나와 다른 느낌이었다.

'미세하게 다른 느낌이 무엇일까? 내가 놓친 동작이 뭐지?' 발동작에만 집중했던 시선을 몸 전체로 확장하자 차이점이 보였다. 다리를 올리려고만 했던 나와 선생님의 다른 점은 다리를 천천히 펴면서 몸의 중심을 위로 이동하는 것이었다.

서예에서 선의 힘은 붓을 역입(逆入)하며 생긴다. 붓털을 반대 방향으로 접으며 생기는 탄력을 이용해 선질(線質)의 힘과 느낌을 표현할 수 있다. 춤을 추는 과정에서 느끼는 것이 붓을 잡고 표현하는 선의 움직임과 같았다. 춤사위는 나의 글씨에 리듬감이 없다는 사실을 깨닫게 해주었고, 그 덕에 붓의 탄력을 이용한 움직임으로 글씨에 리듬감을 줄 수 있었다. 짧은 시간이었지만 온종일 탈춤을 춘 2주의 시간은 생각지 못한 것을 얻을 수 있게 해준 값진 경험이었다.

선은 여백의 존재로 힘을 가진다. 흰 종이 위를 지나간 자리의 밖이 여백이기 때문이다. 여백은 선의 존재 근거다. 그것은 획을 잉태한 여인이며, 우주다. 시간과 공간이 있고, 삶의 경험과 감각이 녹아 있으며, 아직 도착하지 않은 빛들이 숨어 있다.

하지만 이런 것들은 보이지 않는다. 그렇다고 존재하지 않는 것이 아니다. 단지 느끼고, 상상하며, 곱씹는 사람들 앞에만 나타날 뿐이다.

두 자아의 줄다리기

한

걸 음

제4장 선을 긋다

다이어트를 위해 음식 섭취를 조절해본 경험이 있다면 공감할 것이다. 머리로는 먹지 말아야지 하면서 빵 굽는 냄새에 이끌려 유혹을 뿌리치기가 쉽지 않다. 몸은 내가 한 일을 기억하고 있다. 습관처럼 해오던 일을 바꾸는 것은 새로운 습관을 내 몸에 반복해 적응시키는 시간이 쌓여야만 가능하다는 것을.

서예 키트를 제작하기 위해 공방을 방문했다. 머릿속에 생각한 형태를 그리고, 사이즈를 기록한 종이와 샘플로 구입한 캠핑용 가방을 가지고 들어갔다. 원하는 디자인을 설명하고 제작이 가능한지 물어보았다. 가방과 다리 부분에 유격이 생겨 만들기 힘들 것 같다며 다른 공방을 찾아보라고 했다. 가방 만드는 시간과 공력이 책장을 만들어 파는 시간과 돈에 비해 높지 않아서 할 수 없다는 말을 뒤로하고 씁쓸한 미소로 발걸음을 돌렸다.

두 번째 방문한 공방은 이사 준비 중이었다. 명함을 받고 다음에 방문해달라는 이야기를 듣고 나왔다. 퇴근 후 방문한 탓에 시간이 늦어져 무거운 마음으로 귀가했다.

다음 날 가장 큰 미술용품 판매점을 방문했다. 나무로 만든 화구 가방을 생각하고 방문했지만, 아크릴 가방과 화판 가방만 찾아볼 수 있었다. 할 수 없이 인터넷 검색을 통해 응용할 것이 있는지 찾아보았다. 다행히 인터넷에서 해외 구매로 활용 가능한 것을 찾을 수 있었다. 특별한 소득이 없는 외출이었지만, 가만히 앉아 생각만으로는 구체화하기 어려웠다. 해보지 않은 일이었기에 차일피일 미루며 몸을 움직이지 않았던 것이다.

새로운 일에 대한 다짐은 '해봐야지'라고 말하지만, 보이지 않는 미래에 대한 두려움은 '밖에서 서예를 한다고 무엇이 달라질까?'라는 의문을 갖게 했다. 이 두 자아의 줄다리기는 팽팽했다. 지금 아무것도 달라지지 않는다고 해도 몸을 움직여 시도하지 않는다면 실패도, 어떤 변화도 없을 것이다. 변화를 바라면서 변화를 주저하는 나의 양면을 볼 수 있었다.

한 번도 실수를 해보지 않은 사람은 한 번도 새로운 것을 시도한 적이 없는 사람이다.
  – 아인슈타인

한편으로는 움직이고 싶지 않은 나도 볼 수 있었다. '키트를 만든다고 뭐가 달라질까.' 달라질 것 같은 확신이 들지 않았다. 또 다른 자아는 '그냥 해보자. 해보지 않고 달라지는 건 없어'라며 부채질했다. 두 자아의 끊임없는 줄다리기에 지쳐갈 즈음, 나는 움직이기로 했다. 해보지 않은 새로운 일에 몸이 먼저 반응하지 않았을 뿐이다.

　일상에서 두 자아의 줄다리기는 팽팽하다. 조금 더 자고 싶은 자아와 자리를 박차고 일어서려는 자아의 짧은 줄다리기. 의식의 끌림으로 하루를 시작한다. 매일 하는 일이지만 잠깐의 갈등은 매일 일어나는 선택의 순간이다. 하지만 어느 쪽으로든 몸이 익숙해지면 두 자아의 갈등은 격차가 좁아진다.

　2년 전 새해 첫날, 변화하고 싶다는 비장한 각오로 시작한 '미러클 모닝'은 일주일을 넘기기 어려웠다. 늦잠을 자고 나서 '난 안 되나 보다 포기하지 말고 오늘 다시 1일 차로 시작하면 되지 않을까'라고 생각을 바꾸게 되었다. 비록 실패하긴 했지만 지속하는 시간이 길어졌고, 일주일의 성공은 한 달로 발전할 수 있었다.

　5시 30분, 알람이 울리기 전 눈이 먼저 떠지며 몸이 깨어나는 새벽을 맞이한다. 익숙하지 않은 새로운 일을 시작할 때 갈등은 최고조가 된다. 이유는 단 하나, 몸이 익숙해지지 않았기 때문이다. 한 번의 경험은 두 번 세 번 반복하면서 익숙해지고, 어느 순간부터는 두 자아가 줄을 당기기도 전에 몸이 먼저 반응하게 된다. 서서히 스며들 수 있는 시간이 필요했던 것이다.

　매일 두 자아가 다투는 하루를 시작한다. '나를 넘어서는 연습은 작은 성취감이었다. 할 수 있을 거야.' 몸과 의식의 자아가 보내는 메시지에 감사함을 느낀다. 오늘을 시작할 수 있기 때문이다.

44

휴일 카페에서 나를 만나다

휴일 오후의 카페는 MZ세대에겐 일터이자 휴식처이기도 하다. 집에서 일하는 나에게는 낯선 풍경이다. 주문한 음료를 받아 올라가자 2층 중정에 대나무가 보인다. 카페 뒤쪽은 통창으로 이뤄져 있어 시원하게 뻗은 대나무 숲을 감상할 수 있다. 좌우로 살랑거리는 초록 가지들이 손을 흔들며 마음을 편안하게 해준다.

삼삼오오 모여 앉은 친구들은 각자의 일에 집중하고 있다. 따스한 눈길로 서로를 바라보는 연인들의 대화 소리가 귀를 간지럽힌다. 친구와 함께 손뜨개에 열중한 모습이 눈에 띈다. 코바늘로 무언가를 만드는 방법을 친구에게 알려주는 모습이 정겹다. 편안한 옷차림, 집 앞 편의점에 가듯 슬리퍼에 맨발이다. 마치 집에 있는 것처럼 카페에서 시간을 보내는 그들이다.

카페에서 여유롭게 자신의 일에 집중

하고 있는 모습이 아름답게 느껴진다. 많은 사람이 함께 있는 공간이지만 거리낌 없이 나를 위한 시간을 만끽하는 모습이 눈부시다. 익숙한 공간이 주는 편안함도 물론 좋지만, 가끔은 이렇게 카페에서 낯선 장소의 새로움과 여유를 느껴보고 싶다.

문자향을 열고 준비하는 데 5분이면 충분하다. 커피 향이 가득한 공간, 먹 향이 종이 위로 스며든다. 커피 향을 담아서일까. 편안한 마음으로 붓을 잡은 손길이 부드럽다.

커피를 내리기 전 원두의 향기를 먼저 마시듯 서예에서도 먹을 갈면 호흡이 편안해진다. 붓을 잡은 이 순간, 향기가 마음을 차분히 감싼다. 자신의 일에 몰입한 사람들을 보며 무심히 집중할 수 있는 공간이다. 3시간의 짧은 시간 동안 내가 좋아하는 일에 집중하며 소소한 행복을 느꼈다.

45

애쓰지 않아도 아침은 밝아온다

깜깜한 하늘에 손톱달이 보인다. 자세히 들여다보지 않으면 존재를 알아차리기 어렵다. 마음을 담아 천천히 음미하며 봐야 하는 것이 서예다. 서서히 차오르는 달처럼 획에 감정을 실어 타인도 그 감정을 느낄 수 있도록 하는 것이다. 그가 붓을 잡아본 경험이 있다면 공감의 폭이 넓어질 수 있지만, 경험이 없는 상태라면 흥미를 느낄 수 있는 교차점을 찾아주어야 한다.

'쉽게 경험할 수 있도록 문턱을 낮추는 방법이 없을까?'

관심이 있어도 필요한 도구를 준비하는 불편함에 손을 놓게 되는 것이 고민의 시작점이었다. 캠핑장에서 다기 세트를 펼쳐놓고 차를 마시는 모습을 보며 생각이 스쳐갔다. 서예 도구를 한 손에 들 수 있도록 만들어보면 어떨까? 시중에 판매되는 제품이 있었지만 사용해보고 싶은 마음이 생기지 않았다.

'나도 붓을 잡고 한번 써보고 싶은데….' 집 앞 카페에 가듯 자연스럽게 일상에 스며들 수 있는 서예로 다가가고 싶었다. 붓, 벼루, 먹, 종이를 수납할 수 있는 문자향을 들고 카페, 도서관, 공원 등 자연이 선사하는 순간을 종이에 담기까지 나를 먼저 넘어서야 했다.

한 번의 경험은 서서히 먹물이 번지듯 물들어간다. 새로운 공간은 새로운 경험으로 나에게 다가와 이 글을 쓰는 내가 존재하게 했다. 해가 뜨고 지는 일처럼 소소한 일상으로 스며든다.

해가 가지 사이로 얼굴을 내밀자 능선부터 밝아온다. 어둠을 밀어내기까지 붉게 물든 가지 끝은 하늘로 이어져 애쓰지 않아도 온 세상을 밝힌다. 선의 도약, 삶의 전환. 한 장씩 쓰는 글이 언젠가 책으로 탄생하듯이 나는 산 능선 어디쯤 가고 있을까.

46
붉은 먹으로 하루를 깨우다

알람이 울리기 전 몸이 먼저 깨어나는 새벽. 창문 사이로 한낮의 뜨거운 열기가 무색하게 시원한 바람이 불어와 종이 위를 스친다. 구름 사이로 붉은 태양이 날개를 펼치자 장밋빛으로 물들어간다.

부스스한 머리를 질끈 묶고 모자를 눌러쓴다. 얼마 지나지 않아 층층이 계단을 오르던 구름은 뜨거운 태양에 자리를 내준다. 고요한 새벽은 하늘에 떠 있는 구름을 바라보듯 나를 먼발치에서 관조하는 시간이다. 일상생활 속에서 하고 싶은 일을 하고 있는지, 무엇을 위해 하루를 치열하게 사는지 찬찬히 들여다본다.

얇은 종이가 마음을 비추듯 문자는 마음을 담은 무늬로, 뿌리를 내리듯 담담한 먹색으로 선을 드리운다. 여유로운 붓끝은 물 위에 파문을 일으키며 서서히 잦아든다. 마르고 갈라진 붓끝의 날카로움은 마치 종이를 뚫을 것처럼 뜨거운 열정으로 나아간다.

한낮에 일렁이는 아지랑이처럼 뜨거웠던 그날의 열정이 떠오른다. 서랍 속에 깊숙이 넣어둔 벼루의 상처는 타다 만 불씨였다. 밤새 파르르 떨리는 눈꺼풀에 힘을 주며 붓을 잡았던 뜨거운 불꽃이 있었다.

나의 이름이 불리던 삶에 또 다른 호칭이 주는 무게는 가볍지 않았다. 내 이름 석 자는 아내와 엄마, 며느리로 포장한 시간 속으로 사그라졌다. 벼루 안에서 태양처럼 붉은 주묵(朱墨)이 붓털을 붉게 물들인다. 붉은 먹은 꿈꾸던 심장을 기억하고 있었다. 뜨거운 설렘으로 하루를 깨운다.

47 문자의 향기, 시의 집

시 집

아침부터 뜨거운 햇살이 내리쬐어 한 발 한 발 걷는 발걸음에 땀방울이 송골송골 맺힌다. 땀방울이 또르르 떨어질 즈음, 푸른 하늘을 품은 호수가 눈에 들어온다. 뻐꾹뻐꾹. 여름을 알리는 규칙적인 뻐꾸기 소리는 아직 만나지 못한 짝을 찾는 듯 멈추지 않는다. 녹음이 짙어진 산 능선이 햇살을 받아 일렁인다.

계단을 돌아 올라가니 도서관 건물이 모습을 드러냈다. 그곳에 있던 소나무를 그대로 살려 지은 건물의 입구가 눈에 들어왔다. 가까이 다가가서 보니 지붕과 벽면에 나뭇조각을 붙여 만든 독특한 도서관이었다.

문을 열자 통창으로 보이는 초록 잎이 무성한 나무가 사진을 걸어놓은 것 같았다. 가지런하게 꽂힌 시집이 한 벽을 차지하고 있고, 한쪽에 난 계단을 올라가니 나지막한 다락 공간이 나타났다. 너무 앙증맞아 들어갈수록 허리를 펼 수 없어 앉은 자세로 내다본 창밖 풍경이 시처럼 다가왔다.

앉은뱅이 책장에 꽂힌 김영랑 시집을 펼쳐 드니 창밖의 구름과 나무, 길을 걷는 사람조차 한 폭의 풍경화가 된다. 하늘은 시가 되어 손에 잡힐 듯하고, 시는 자연이 되어 창에 비친다. 시를 한 편 한 편 엮으면 시집이 되듯, 도서관 외벽의 나뭇조각 하나하나가 모여 시의 집이 되다니.

이 아늑한 시의 집에서 시인이 되어본다. 등산길에 위치해 있어 하산하는 사람들의 휴식처가 되기도 하고, 엄마와 아빠 손을 잡고 오는 아이들의 놀이터가 되기도 한다. 휴일, 푸른 능선이 두 팔 벌려 감싸안고 숲속 정원이 자연 그대로를 품어주는 하루. 행복감으로 충만하다.

문자향을 낮은 방석 위에 올려놓으니 쓰기에 적당한 높이가 되었다. 두 발을 모아 좌선하듯 붓을 잡는다. 숲속 나무 향이 흰 종이 위에 스미듯 문자의 향기가 시집에 스며든다.

시집 도서관에 앉아 붓을 잡고 푸른 창가에 기대어 옛 기억 속으로 빠져들었다. 등나무 꽃이 활짝 핀 벤치에 앉아 윙윙거리는 꿀벌 소리에 맞춰 책장을 넘기는 소녀가 있었다. 내일 국어 시간이 기다려지는 오후, '님의 침묵'을 밤새 외우고 있는 내가 보였다. 누가 시키지도 않았는데 시 한 편씩을 도화지에 필사해 게시판에 붙이던 그 아이. 잊고 있던 소녀를 조우한 하루. 너와지붕 아래 꿈을 담은 시의 집에서.

종이 위에 물든 노을

솔 섬

제4장 선을 긋다

긴 세월 파도가 지나간 자리에 제 몸을 떼어내 섬이 되어버린 솔섬. 아담한 해변에 물이 빠져 솔섬까지 바닥이 모습을 드러낸다. 몇몇 아이가 조개를 줍고 있다. 기울어진 햇살은 파도와 함께 일렁이며 모래를 뿌린 듯 반짝인다.

아직은 해가 기울기 전이다. 햇살이 일렁이며 모래 위로 흩어진다. 삼각대의 높이를 맞추고 문자향을 펼치자 작은 벼루 위에 햇살이 담긴다. 종이 위로 바람이 스민다. 아늑한 바닷가, 철썩이는 파도 소리, 기울어진 햇살 사이로 붓을 잡는다. 머리카락을 스치는 바람이 마음을 펼친다.

붓을 잡은 손이 파도 위, 춤을 추는 햇살처럼 가볍게 한 획을 긋는다. 햇살과 물이 하나가 되듯 종이 위로 먹이 스민다. 솔섬에 고고히 서 있는 소나무처럼 강직하고 올곧은 선은 글이 된다. 밀려오는 밀물에 거리를 두고 바라볼 수 있는 솔섬, 중력에 쓸리는 썰물에 끌려가는 나를 바라본다. 눈앞에 펼쳐지는 바다 위로 파도가 다가왔다 멀리 사라지기를 반복한다.

일상을 돌아보니 나는 해야만 하는 일에 이끌려 살았다. 정작 하고 싶은 것들은 썰물에 쓸려 사라져갔다. 갯벌 위로 밀려오는 공허함을 '일이 바빠서', '아이들을 돌봐야 해서' 등의 이유로 덮어보지만 다시 드러나는 섬과 같았다. 붓을 잡은 긴 시간 동안 그

누구도 나에게 서예로 잘될 거라는 희망을 주지 않았다. 하지만 희망은 누가 가져다주는 것이 아니었다. 꿈을 꾸는 나에게 주는 선물이 희망이었다. 다시 잡은 붓과 종이 한 장이 자연과 나를 이어주었다.

어둠이 내려앉은 섬, 언덕 위 소나무 가지 끝으로 붉은빛이 퍼져갈 즈음, 해넘이를 보기 위해 찾아오는 사람들의 발걸음 소리가 들린다. 낯선 경상도 사투리 뒤로 호기심을 가진 시선이 느껴진다. 관심을 가지고 본다는 것은 의미가 있다. 글씨가 쓰인 작품이 걸려 있다면 그냥 지나쳤겠지만 쓰는 행위 자체는 사람들의 시선을 집중시킬 수 있다.

노을이 가져다준 순간, 자연과 나, 종이 위에 써 내려간 글씨가 조화롭다. 함께할 수 있는 선물 같은 시간이다. 수면 위에서 섬 능선 끝으로, 벼루에서 종이 위로 붉게 물들어간다.

마라톤, 끝까지 달리는 마음

가슴 뛰게
하는 것을
찾는 것이

인생이다

인 생

가볍게 산책하던 길을 달리고 마라톤에까지 참가하게 되었다. 살랑살랑 흔들리는 코스모스가 인사하는 길을 지나 '김제새만금지평선 전국마라톤대회'에 참가하기 위해 김제시민운동장에 도착했다. 뒤섞인 실타래처럼 풀리지 않는 생각이 있을 때, 마음이 답답할 때 달리다 보면 생각을 잠시 멈추고 달리는 행위에 집중할 수 있었다. 아무것도 생각하지 않고 달릴 수 있는 것, 이것이 달리기의 매력이다.

　출발을 알리는 총성이 울리고 숨소리와 빨라지는 심장박동을 느끼며 한 발 한 발 걸음을 옮긴다. 평소와 달리 많은 사람과 함께 뛰고 있다. 지나가는 사람들의 발걸음과 거친 숨소리가 볼을 스친다. 차가운 공기가 빨라진 심장박동에 점점 달아오른다. 이마에 송골송골 맺힌 땀방울이 반환점을 돌면서 등을 타고 떨어진다. "파이팅! 힘내요!" 응원의 함성이 연달아 메아리친다.

　오르막길이다. 상체를 앞으로 기울이고 발가락에 힘을 주며 앞으로 나아간다. 출발할 때 함께 달린 지인과 거리를 유지하기 위해 무거운 한 발을 뗀다. 머리가 반백이 된 할아버지, 가족 단위로 엄마 손을 잡은 아이도 함께 뛰고 있다. 탄탄한 자세로 뛰고 있는 할아버지의 발걸음에 즐거움이 묻어 있다. 반면 마음만 앞서 참가한 10대 친구는 뛰는 걸 포기한 채 걷고 있다.

나이 차이가 아니라 시간의 격차였다. 즐길 수 있을 만큼의 시간을 내주었는가. 처음 달릴 때는 숨이 턱까지 차올라 호흡이 버거웠다. 10km가 익숙해질 즈음 20km를 달렸다. 20km를 처음 뛰던 날, 15km가 넘어가면서 발가락 통증과 함께 다리가 무겁게 끌려왔다. '그만 뛸까' 하는 생각이 스쳤다. 멈추기보다 속도를 줄였다. 하지만 한계를 한번 넘고 나면 10km 달리기가 수월해진다. 몸이 기억하는 것이다. 달리는 이유는 건강을 위한 것이기도 하지만, 생각을 비우고 몸의 한계치를 넘어보는 과정이었다. 그 경험은 결국 나를 넘어설 수 있는 힘이 되었다.

몸의 한계는 마음의 한계를 넘는 과정이다. 마음이 가지 않는 곳에 몸이 따라갈 수 없다. 문자향을 만들기까지 수없이 머뭇거렸다. 문자향을 제작하고 첫 만남 후 책상 옆에 놓고 사용하면서 편리하고 좋았지만, 밖으로 나가기까지 수많은 질문을 던졌다. 질문의 답은 몸으로 부딪혀보지 않고는 나오지 않았다. 사람들의 시선뿐 아니라 나에 대한 확신이 부족해 흔들렸지만 끝까지 해보는 수밖에 없었다. 결승선이 보이자 남은 힘을 쏟아부어 전속력으로 달려본다. 그 끝에서 다시 펼쳐질 길이 궁금해진다. 끝까지 달리겠다는 마음으로 완주하는 그날을 그려본다.

50 꺾이지 않는 너

흔들리는 갈대처럼 바람에 기우는 마음을 다잡아 걸어본다. 문자향을 제작하기까지 수없이 흔들렸다. 마음을 다잡은 순간에도 흔들리지 않은 것은 아니다. 꺾이지 않았을 뿐이다.

힘든 순간에 생각나는 건 가족뿐이기도 하지만, 나를 가로막는 첫 번째 벽이 가족이 되기도 한다. 주말마다 문자향을 들고 나가는 내 모습이 그는 영 못마땅한 눈치다. 돈도 되지 않는 일에 시간과 열정을 쓰고 있다는 그의 말이 비수가 되어 가슴에 꽂힌다. SNS에 사진을 올려 사람들에게 주목받고 싶은 일그러진 열정으로 치부될 뿐이다.

책장을 정리하다 우연히 펼친 시집 속 한 구절이 마음을 적신다.

**아픈 데서 피지 않는 꽃이 어디 있으랴
슬픔은 손끝에 닿지만**

고통은 천천히 꽃처럼 피어난다
저문 산 아래
쓸쓸히 서 있는 사람아
뒤로 오는 여인이 더 다정하듯이
그리운 것들은 다 산 뒤에 있다
사람들은 왜 모를까 봄이 되면
손에 닿지 않는 것들이 꽃이 된다는 것을.
- 김용택, 시 '사람들은 왜 모를까' 중에서

"슬픔은 손끝에 닿지만 고통은 천천히 꽃처럼 피어난다."

눈에 띄지 않는 그늘진 곳에서도 꽃을 피워낸 풀꽃을 보며 오늘의 발걸음이 의미 없더라도 언젠가 꽃을 피워낼 희망을 품는다.

"그리운 것들은 다 산 뒤에 있다."

나의 간절한 것들은 다 산 뒤에 있었다. 간절함이 꽃으로 피어나는 봄을 기다리며 가을을 지나고 있다.

아침 산책길, 구름이 잠시 쉬어 가기라도 하듯 물안개가 피어 있다. 보이지 않는 길을 더듬어 걷고 있는 내가 보인다.

가녀린 줄기 끝에서 위태롭게 흔들리는 코스모스가 마치 나를 보는 듯하다. 흔들리며 휘어져도 꺾이지 않는 너를 보며 하루를 시작한다.

51 보이지 않는 길

11월, 밤부터 휘날리던 눈발이 점점 굵어지더니 이른 첫눈이 내렸다. 하얀 눈 위로 부서지는 아침 햇살이 시리다. 신나서 꼬리를 흔드는 강아지처럼 설레는 마음으로 뛰어나갔다. 계절의 시간이 시속에서 광속으로 바뀐 듯하다. 눈이 살포시 내려앉은 붉은 단풍잎은 가을이 아직 가지 않았음을 증명하고 있었다.

비가 눈으로 바뀐 탓이다. 빗물 위로 눈이 덮여 얼어붙은 대지는 바스락바스락 낙엽 소리를 내며 갈라진다. 아무도 밟지 않은 새하얀 눈길이 붓을 들기 전 종이 같다. 시작의 떨림, 획을 긋는 과감한 붓질처럼 힘찬 발걸음을 내딛는다.

아무도 가지 않는 길에 남겨진 발자취는 누군가에서 빛이 되어줄 수 있겠지. 내가 내딛는 발걸음에 무게가 실린다. 한 걸음 한 걸음 헛되이 밟지 않아야 할 이유가 된다.

손끝에 시림을 움켜쥐고 달린다. 들숨과 날숨에 모자 아래로 이슬이 맺힌다. 앙상한 가지 위로 소복이 내려앉은 눈꽃이 반짝인다. 자세히 보니 나뭇가지 사이로 드리운 거미줄에 걸린 햇살이 눈송이에 반사되고 있었다. 눈이 내려앉아 보이지 않던 존재를 드러나게 해주었다.

아직은 손에 잡히지 않고 보이지 않는 길이지만, 저 실낱같은 거미줄도 존재를 드러내듯이 언젠가는 나도 나의 무늬를 드러낼 수 있을 것이라 믿는다. 하얗게 덮여 보이지 않는 길을 걸어가듯 종이의 하얀 여백 위에 선을 긋는 하루를 달린다.

52 쓰고 싶은 마음이 밀물처럼 밀려오길

 기억 속 다락방을 떠올리면 달콤한 향기가 나는 듯하다. 그곳은 어릴 적 내가 아끼던 종이 인형을 숨겨놓았던 곳이기도 하지만 항상 과자나 꿀, 과일 등이 있었기 때문이다.

 어느 날 부안 여행을 위해 숙소를 예약하려고 숙박 사이트를 둘러보다가 다락방이 있는 곳을 보게 되었다. 하늘이 보이는 천창이 있어서 고민할 것 없이 그곳을 선택했다.

 벽돌을 쌓아 만든 아치형 출입구를 지나 정겨운 나무문을 열고 들어가자 푸른 잎이 반짝이는 인테리어가 마치 식물원에 온 느낌을 주었다. 창밖으로는 바다가 보이고, 기다란 나무 테이블이 중앙을 가로지른 채 놓여 있었다. 가구도 하나하나 직접 만든 듯 사람의 손길이 느껴지는 게 투박하지만 정감 있게 와닿았다.

 안쪽 끝에는 공용 주방이 자리했고, 앞

아서 차와 음식을 먹을 수 있는 의자와 테이블이 곳곳에 배치돼 있었다. 출입구 앞에 놓인 열쇠를 가지고 방으로 갔다.

빨간색 문을 열자 1층에 방이 하나 보였고, 왼쪽 계단을 올라가자 예약한 방이 나왔다. 파란색 문손잡이에 열쇠를 꽂아 돌리니 문이 열리며 상쾌한 편백나무 향기가 코끝에 전해졌다. 신발을 벗고 안으로 들어가자 발에 닿는 나무 바닥은 딱딱했지만, 따스한 온기와 삐거덕거리는 소리가 귀를 간지럽혔다.

큰 창 앞으로는 맨살을 드러낸 바다가 보이고, 옆에는 노란빛을 띤 전등이 감성을 자극했다. 침대 뒤쪽에는 정원이 바라보이는 커다란 창이 나 있고, 그 옆에 다락방으로 올라가는 계단이 보였다.

계단을 올라가자 천창 아래에 긴 의자가 놓여 있었다. 초록색 방석과 보랏빛 쿠션이 나를 반겨주었다. 글쓰기에 안성맞춤인 책상과 의자도 있고, 옆에는 스탠드가 서 있었다. 책상 앞에 앉아 고개를 드니 천창으로 바다가 보였다. 하루만 묵고 돌아가기엔 아쉬운 곳이었다.

천창을 열자 조금 전 글씨를 썼던 바닷가가 펼쳐지고, 길게 뻗은 방파제에 하나둘 조명이 켜지자 수면에 비친 불빛이 점점이 반짝였다. 한가로이 떠 있는 배 한 척에도 불이 켜졌다.

'부안은 노을 지는 바다가 아름다운데 구름에 가려 볼 수 없다니.' 별을 보고 싶은 마음에 다락방을 예약했는데 별 볼 일이 없게 되어 아쉬웠다. 혼자 온 여행, 그것만으로 만족하며 아쉬움을 달랬다.

테라스 문과 창문을 활짝 열었다. 답답한 내 마음을 펴고 싶었다. 해가 지며 어두워지는 바다와 짭조름한 바다 내음이 허기를 불러왔다. 침대에 앉아 눈을 감고 소리에 귀를 기울여보았다. 잔잔한 파도 소리가 나에게로 돌아왔다.

지금까지 이뤄온 모든 것은 나 혼자서 할 수 있는 게 아니었다. 지금 이 순간, 여기 있을 수 있는 것 또한 말없이 내 옆에 있어준 가족 덕분이라는 것을 깨달았다. 퇴직 후 시작한 사업을 묵묵히 이끌어가는 남편, 마냥 어린 것 같아도 미덥게 제 몫을 해내고 있는 두 딸아이 덕분에 내가 꿈을 향해 걸어가는 시간을 가질 수 있었던 것이다.

이곳에서 머무는 하룻밤, 자는 시간이 아까워 이른 새벽 눈을 뜨고 옷을 갈아입었다. 산책을 나가려고 창밖을 보다가 떨어지는 빗방울에 겉옷을 내려놓았다. '맞아, 다락방에 올라가자.' 천창에 떨어지는 비를 마주해야겠다는 생각이 스쳤다. 타닥타닥 천창에 떨어지는 빗방울 소리에 창을 조금 열고 손을 내밀었다.

손끝에 떨어지는 빗방울이 촉촉이 손바닥을 적셨다. 한 방울 두 방울 떨어지는 비가 마음까지 적셔주었다.

    조급해하는 나에게 여유를 주자. 빨리 끝내고 싶은 마음에 손이 따라가지 못하고 마음만 분주해졌다. 빗소리를 들으며 붓을 잡았다. 어둠이 내려야 별을 볼 수 있듯 마음이 바쁘다고 글이 써지는 게 아니다. 쓰고 싶은 마음이 밀물처럼 밀려오길 바라며 한 줄의 생각이라도 붙들어 적어본다.

53

존재의 순간, 획이 그어지는 찰나

눈 덮인 대지 위로 햇살이 퍼지는 아침. 앙상한 나뭇가지 위에 아슬아슬하게 걸려 있던 눈송이가 발등 위로 툭 떨어지며 인사를 한다. 문득 눈송이는 왜 '송이'라는 이름이 뒤에 붙었을까 궁금해졌다. 푸른 솔잎 위에 목화솜처럼 하얀 눈꽃이 피어 있는 것을 보고 짐작해본다.

송이송이 눈꽃 송이 하얀 꽃송이
하늘에서 내려오는 하얀 꽃송이
_ 〈눈꽃송이〉

눈송이 하나가 코끝에 닿는다. 장갑에서 손을 빼어 눈송이를 받아본다. 보드랍고 포근한 눈송이가 손끝에서 녹아 사라진다. 순간의 상태로 존재하는 너를 마주한다. 수면 위로 펼쳐진 설경이 화선지를 펼친 듯 하얗게 덮고 있다.

종이 위로 마음이 따뜻하게 녹아내린

다. 눈은 존재의 찰나를 선사한다. 붓을 든 순간 한 획이 그어지는 상태로 존재하는 서예와 닮아 있다. 매번 같은 획을 그어도 그 순간의 획이 유일하듯 오늘의 풍경은 새로운 이야기를 펼쳐 보인다.

추운 겨울에나 볼 수 있지만, 얼어붙은 감정을 포근함으로 녹여주는 게 눈이 아닐까. 어릴 적 눈이 오면 신나서 뛰어나가 장갑에 눈이 달라붙어 꽁꽁 언 손가락을 호호 불어가며 눈사람을 만들던 설렘이 쌓여간다. 설렘은 몸을 움직이게 하는 에너지가 되어 문자향을 펼친다. 종이 위로 펼쳐진 설경에 봄빛을 담은 손길로 한 글자씩 씨앗을 뿌려본다.

눈송이의 결정, 지그시 바라본 그 자리, 꽃무늬로 아직 오지 않은 봄을 품고 있다. 아무도 보지 못한 봄을 밟아본다.

제 5 장

선을 넘다

54 조선 최초의 여성 화가 나혜석을 떠올리며
55 안네가 일기를 쓰던 다락방
56 간헐적 일탈, 나쁜 여자는 어디든 간다
57 묵묵히 나의 길을 걷는 삶
58 가보지 않은 길을 가는 1g의 용기
59 선을 넘는 모험은 소통의 향기로
60 온전히 즐겨야 나눌 수 있다
61 새로운 삶에서 느끼는 행복
62 선을 넘은 선, 새로운 세상에 눈뜨다
63 매일의 도전으로 오늘을 적신다
64 두려움이 물거품처럼 사라지기를
65 무소의 뿔처럼 혼자서 가라
66 눈 덮인 세상은 걷는 대로 길이 되는 자유를 준다

54. 조선 최초의 여성 화가 나혜석을 떠올리며

밀려왔다 밀려가는 파도처럼
지중지중 물가를 거닐면
그녀가 나에게 이야기하는 것만 같았다.

탐험하는 자가 없으면 그 길은 영원히 못 갈 것이오. 우리가 욕심을 내지 아니하면, 우리가 비난을 받지 아니하면 우리의 역사를 무엇으로 꾸미잔 말이오. 다행히 우리 조선 여자 중에 누구라도 가치 있는 욕을 먹는 자 있다 하면 우리는 안심이오.
_ 나혜석, 〈나혜석, 글 쓰는 여자의 탄생〉 중에서

화가이자 시인 나혜석의 삶을 우연히 TV 프로그램을 통해 알게 되었다. 최초의 서양화가로, 이혼 후 '이혼 고백장'을 통해 당당히 자신의 입장을 글로 쓴 용기 있는 여성. 그녀처럼 매혹적인 도전을 시작하라고 나에게 말하는 것 같았다.

내가 인형을 가지고 놀 때

기뻐하듯

아버지의 딸인 인형으로

남편의 아내 인형으로

그들을 기쁘게 하는 위안물 되도다.

남편과 자식들에게 대한

의무같이

내게는 신성한 의무 있네.

나를 사람으로 만드는

사명의 길로 밟아서

사람이 되고저.

노라를 놓아라

최후로 순수하게

엄밀히 막아논

장벽에서

견고히 닫혔던

문을 열고

노라를 놓아주게.

- 나혜석, 시 '인형의 집' 중에서(이유리의 《화가의 마지막 그림》에서 발췌)

1921년 4월 3일 〈매일신보〉에 연재 중이던 헨리크 입센의 희곡 〈인형의 집〉 마지막 회에 나혜석이 직접 지어 발표한 노래 가사로, 그녀의 삶에 대한 태도가 그대로 드러나 있다. 누군가의 인형으로 사는 종속된 삶이 아닌, 내 삶의 주인으로서 주체적으로 살아가는 사람이 되고 싶다고 말한다. 그리고 글과 일치한 삶을 살고자 치열하게 저항했던 그녀의 삶을 보았다.

나혜석은 그림뿐만 아니라 학업도 우수한 성적으로 졸업해 신문에 기사가 날 정도였다. 하지만 부모님은 그녀를 결혼시키려 했고, 다행히도 그녀에게 부모님의 강요를 따르지 않을 좋은 기회가 생겼다. 일본에 유학 중이던 둘째 오빠 나경석 덕분에 일본 유학길에 오른 것이다. 당시 여자가 외국으로 유학을 가는 것은 매우 드문 일이었다.

여성이 공부하는 이유는 좋은 집안의 남자와 결혼하기 위한 조건으로 자수나 재봉 등을 배웠지만, 그녀는 서양화를 전공한다. 결혼보다는 공부를 계속하고 싶었던 나혜석은 아버지의 학비 지원이 끊기자 고국으로 돌아와 학교에서 미술을 가르치며 유학비를 마련한다. 결혼에 대해 회의적이었지만, 김우영과 결혼하며 각서를 내미는 당당함을 보였다.

그녀는 김우영에게 결혼 조건으로 세 가지를 제시했다.

"일생을 두고 지금과 같이 나를 사랑해주시오. 그림 그리는 것을 방해하지 마시오. 시어머니와 전실 딸과는 별거케 하여주시오."

시대적 상황을 생각한다면 여자가 결혼 조건을 제시한다는 것은 상상하기도 힘든 일이었다. 그중 두 번째 조건인 '그림 그리는 것을 방해하지 말라'는 그녀의 말이 내 마음을 두드렸다.

상견례를 마치고 시부모님과 그에게 쓴 편지가 떠올랐다. 결혼 후 이것만은 서로 지켜나가자는 나의 생각을 몇 가지 적은 편지였다. 그중에 서예를 계속할 수 있도록 도와달라는 부탁이 있었다. 첫아이를 갖고 일을 하면서 동인들과 소품전을 준비했다. 배가 점점 부풀어 오르자 종이와 붓의 거리가 멀어져 불편했다. 불편을 토로하자 옆에 있던 나이 지긋한 학인 한 분이 넌지시 말했다.

"뱃속에 있을 때가 가장 편할 때야. 아이가 태어나면 그때부터는 혹을 하나 달고 다녀야 해. 배부른 소리 하지 말고 하고 싶은 거 있으면 지금 다 해봐."

나는 배부른 소리를 하며 붓을 잡았다. 주말이면 라디오를 클래식 채널에 맞춰놓고 붓을 잡았고, 그 시간에는 저절로 태교가 되었다.

나혜석은 결혼 후 임신 사실을 확인하고 그림에 대한 열정이 더욱 강렬해진다. 짐작건대 아이가 태어나면 손발이 묶일 자신의 상황을 짐작하고 그동안 하고 싶은 공부와 그림이 더욱 절실하게 다가오지 않았을까. 도쿄로 다시 유학을 가게 된 그녀는 짧은 두 달의 시간을 보내고 돌아온다.

"과거 4~5년간의 유학은 헛것이다. 도쿄에 가서 공부를 했다고 말할 수 있는 기간은 오직 이 두 달간뿐이었다."

나혜석이 하지 못한 공부를 짧은 시간에 쏟아붓듯이 몰입해서 했음을 알 수 있다. 유학에서 돌아온 나혜석은 만삭의 몸으로 개인전을 성공적으로 열었다.

나는 출산 전까지 결혼의 현실을 경험해보지 못한 상황이었다. 나혜석은 여성이 결혼 후 한 인간으로, '나' 자신으로 사는 것이 불가능한 시대에 살면서 불가능을 가능하게 한 여성이었다. 네 아이의 엄마이자 한 남자의 아내이지만 그림을 사랑하는 예술가로, 글을 쓰는 작가로 살아가기 위해 한순간도 붓을 놓지 않앉다. '나'를 그리며 자신의 목소리로 글을 쓰는 것에 주저함이 없던 그녀의 용기가 나를 채찍질한다.

    그럼에도 나는 무엇이 두려워 주저하는 것일까. 두 아이의 엄마로서 한 뼘 성장한 나, 아내로서 받은 사랑과 배려, 그 시간을 바탕으로 나의 서사를 쓰기 위해 1년이 넘는 시간을 분투하고 있다. 나를 넘어서는 나를 본다.

55 안네가 일기를 쓰던 다락방

눈 쌓인 골목길, 잠긴 대문 앞에서 엄마 손을 잡고 서 있던 아이가 떠오른다. 그날은 그동안 배운 무용을 발표하는 날이었다. 화장을 하고 눈처럼 하얀 드레스를 입은 어린 나는 추운 날씨에도 설레는 발걸음으로 엄마와 함께 발표회에 다녀온 길이었다.

"무용은 배워서 뭐 하게? 돈만 많이 들지. 쓸데없는 짓 하네."

아버지는 가지 말아야 할 곳을 다녀온 엄마에게 화가 나서 대문을 잠그고 열어주지 않았다. 어릴 적부터 하고 싶은 일은 아버지의 허락이 필요했고, 눈치를 보게 되었다.

초등학교 5학년 때 같은 반 친구가 입고 온 옷이 눈에 들어왔다.

"이 옷은 뭐야?"

"이거 KBS 어린이 합창단 단복이야. 너무 예쁘지 않아?"

얼마 뒤, KBS 어린이 합창단원을 뽑는 오디션이 있다는 담임 선생님의 말을 듣고 신청서를 냈다. KBS가 집에서 가까웠기에 혼자 오디션을 보러 갔다. 지금 생각해도 어디서 그런 용기가 났는지 모르겠다. 합격할 거라고는 생각지도 못했기에 아버지에게 말을 꺼내기가 무서웠다.

"아버지, 꼭 하고 싶어요. 공부도 열심히 할게요."

그렇게 허락을 받고 KBS 어린이 합창단으로 활동한 1년간은 하고 싶은 것을 할 수 있는 자유의 시간이었다. 방송국에서 단복을 입고 노래를 부르는 나는 당당하고 멋있었다. 하지만 "이제 6학년이고, 중학교에 진학하려면 공부해야지. 합창단은 1년 해봤으면 됐다"라는 아버지의 한마디에 그만둘 수밖에 없었다. 내가 하고 싶은 것은 아버지에겐 쓸데없는 일이었다.

중학교에 다니던 어느 여름의 토요일 오후. 하교 후 집에 가는 길에 스쿨버스를 타지 않고 걷고 싶었다. 한두 방울 내리던 빗방울이 점점 거세졌다. 비를 피해 건물 안에 들어가 잠시 서서 쏟아지는 빗줄기를 멍하니 바라보는데, 문득 비를 맞고 싶었다. 온몸을 간질이는 빗방울이 내 몸을 무대로 춤을 추고 있다는 생각이 들었다. 이마에서 눈썹을 타고 흐르는 빗방울은 답답한 마음을 시원하게 씻어주었다.

자

유

제5장 선을 넘다

하고 싶지 않은 공부보다 원 없이 책을 읽고 싶었고, 옷장에 숨겨놓은 만화책을 당당하게 보고 싶었다. 하지만 아버지의 기대에 부응하고자 공부를 잘하는 것이 나의 의무가 되어버린 시간이 나를 숨 막히게 했다. 온몸에 부딪치는 세찬 빗줄기가 잠깐이지만 답답함을 해소해주었다.

중학교 3학년 야간 자율 학습 시간, 교실에 앉아 있는 내가 성냥갑 속 성냥처럼 느껴졌다. 그때 답답한 마음을 종이에 끄적인 시가 떠오른다.

성냥갑

뉘엿뉘엿 노을 진 하늘
창밖에서 본 교실은
성냥갑 같다.

작은 성냥갑 속
한 개비
두 개비
세 개비

서른여섯 개의 성냥개비가
답답한 교실 안에 갇혀 있다.

숨 막히게 내려앉은 노을에
붉은 머리를 부딪히면
내 안의 또 다른 내가 타오를 것 같다.

책 속의 그곳은 멋진 내가 되어 자유롭게 여행을 떠날 수 있었다. 중학교 때 가장 인상 깊게 읽었던 책이 헤르만 헤세의 〈데미안〉이다. 책 내용을 이해했는지는 모르겠지만, '나는 누구인가? 왜 공부를 해야 하는 걸까? 학교에 꼭 다녀야 할까?'에 대한 질문이 늘 나를 따라다녔다. 말이 없고 조용한 나의 첫 사춘기였다.

방과 후 자율 학습 시간, 합창 연습을 하고 있는 반 친구들과 멍하니 창밖을 응시하고 있는 내가 떠오른다. 내 시선은 교실 밖 등나무 꽃향기를 따라 윙윙거리는 벌들을 지나 푸른 하늘에 멈춰 있었다.

담임선생님이 교실에 들어오셨다.

"합창 연습 안 하고 왜 앉아 있니? 하기 싫으면 집에 가라." 그 말이 끝나자마자 나는 가방을 싸서 교실을 뛰쳐나왔다. 그런 내

행동에 스스로 놀랐지만 다시 들어갈 수는 없었다. 집으로 향하는 발걸음이 어느 때보다 가벼웠다. 집에 와보니 담임선생님이 놀라고 걱정이 되었는지 집에 전화를 하셨다.

"뭐가 부족해서 선생님 말도 안 듣고 집에 왔어?"

아버지의 물음에 어떤 대답도 할 수 없었다. 내 마음을 이야기하고 공감받고 싶었다. 하지만 이야기할 수 있는 친구는 책과 일기장뿐이었다.

아버지는 밤낮으로 성실하게 일하셨다. 중학교 1학년 때 전세로 살고 있던 집의 건너편 집을 사서 2층으로 신축하셨다. 유년의 기억 속 우리 가족은 한 번도 물놀이를 가본 적이 없다. 여름방학 과제 중 그림 그리기가 빠지지 않고 있었다. 친구가 제출하는 그림을 보면 계곡이나 바닷가에서 물놀이하는 그림이 대부분이었다. 물놀이를 가지 못한 나는 창피했고, 친구들이 부러웠다. 그래서 생각해낸 게 방학 숙제로 받은 책에 있는 바다를 보고 비슷하게 그려서 과제로 제출하는 것이었다.

사춘기의 나는 책 속의 안네와 함께 다락방에 올라가 다이어리에 비밀 일기를 쓰며 답답한 마음을 풀었다. 〈안네의 일기〉를 읽고 문득 '촛불을 켜고 글을 써볼까' 생각했다. 한번은 시험 기간이었는데, 시험공부는 하지 않고 책 읽는 재미에 푹 빠져 있었다. 그날은 촛불을 켠 채 일기를 쓰고 있었다. 밤늦은 시간에 아버지가 내 방문을 열고 들어오셨다. 촛불을 켜고 있는 나를 보고는 불같이 화를 내셨다.

나는 아버지가 왜 화를 내는지 이해가 되지 않았다. "촛불을 켜고 있는 게 왜 잘못인가요?" 하고 반문했다. "불이 나면 어떻게 하려고 촛불을 켜?" 아버지의 손은 가죽 허리띠를 풀었고, 휘익 허공을 가르며 움츠린 내 몸을 때렸다. 침대 옆 구석에 웅크리고 머리를 감싼 손이 부르르 떨렸다. 차가운 버클이 뺨을 스치자 두려움으로 온몸이 얼어붙었다.

아버지가 나가고 적막을 깨트린 건 들썩이는 나의 어깨였다. 뜨겁게 볼을 타고 내리는 눈물은 핏빛으로 물들어 떨어졌다. 그때는 무섭고 겁이 나서 아무 생각이 없었지만, 두고두고 내가 무엇을 잘못한 건지 억울했다. 나는 아버지와 마음속 이야기를 나눠본 기억이 없다.

무엇을 해야 할지 방황만 하다 학교라는 제약과 부모님의 기대에 부응하기 위해 내가 하고 싶은 것은 모두 교실에 가둬버렸다. 결혼을 하고 아이를 낳았다. 젖먹이 딸이 자라 어느새 학교에 들어갈 즈음, 나는 무언가에 저항하기 시작했다.

두 번째 사춘기는 마흔에 찾아왔다. 잘 굴러가던 삶의 앞바퀴는 팬데믹으로 멈춰버렸다. 정지된 일상은 '내면 아이'를 바라볼 수 있는 시선으로 방향을 바꿨다. 일하지 않는 시간이 길어지자 불안감을 잊기 위해 무작정 걷기 시작했다. 길모퉁이에 핀 풀꽃이 발걸음을 멈추게 했다. 작고 가벼운 들꽃의 생명력이 위대하게 느껴졌다. '나는 나답게 꽃을 피웠을까?' '나를 꽃피게 할 생명력은 무엇일까?' 붓을 잡고 있는 나, 붓끝에 몰입해 종이 위로 선을 긋는 나를 보며 살아 있음을 느꼈다. 붓은 나답게 살아가는 힘이었다.

삶의 익숙함에서 벗어나려는 몸은 편한 걸 원했고, 마음은 변화를 갈망하고 있었다. 내 몸과 마음의 갈등이었다. 마흔이 되면 지금의 나와 다른 내가 되어 있을 거라는 막연한 기대가 있었다. 어느새 마흔의 끝자락에 선 나이. 막상 그 나이가 되니 특별한 게 없다. 이전과 같은 방식으로는 다른 삶을 살 수 없다는 것을 깨달았다.

결혼을 하고, 아이를 낳고, 다들 그렇게 사는 것이라 믿고 싶었다. 하지만 나사 하나가 빠진 듯 채워지지 않는 무언가가 마음을 공허하게 했고, 끝없이 뭔가를 갈구하게 만들었다.

마흔의 사춘기에 그 나사 하나를 찾기 위한 여정을 시작했다. 일상을 살아가기 버거운 세월이 지나고 이제야 나를 바라볼 수 있는 여유가 생겼다. 나를 바라보는 것은 내면 아이의 아우성을 더 이상 외면하지 않는 것이었다. 아직 자라지 못한, 하고 싶은 게 많은 그 아이의 호기심을 외면하지 않을 것이다.

마흔의 사춘기는 정신없이 이끌려 살아온 이전의 삶에서 다른 방향으로 나아가는 변곡점이 되지 않을까. 이제는 손에 붓을 쥐고 한 획 한 획 그어나가는 것처럼 인생의 흐름을 내 손으로 만들어가고 싶다. 먹 향에 스며들듯 마흔의 사춘기를 즐기며 새로운 여정을 만들어간다.

산책길을 달리고 집에 도착할 즈음, 붉은 장미 위로 후드득 빗방울이 떨어졌다. 반사적으로 비를 피하기 위해 가까운 벤치로 들어갔다. 땀에 젖은 옷을 보고 피식 웃음이 나서 빗속으로 다시 나왔다.

시원한 빗줄기가 온몸을 두드렸다. 내 안의 아이가 나온 듯 두 팔을 하늘 위로 힘껏 올리고 두 발로 빙그르 돌아보았다. 〈쇼생크 탈출〉의 주인공 앤디가 긴 하수구를 지나 마침내 교도소를 탈출한 뒤 온몸으로 빗줄기를 맞을 때의 감정이 이런 느낌이지 않았을까. 유년의 긴 터널을 지나 오늘 만난 빗줄기에서 형용할 수 없는 자유를 느꼈다.

56 간헐적 일탈, 나쁜 여자는 어디든 간다

벽

착한 여자는 천당에 가지만 나쁜 여자는 어디든 간다는 말대로 일상의 금기는 넘나들지만 몸에 그은 선은 제자리다.
– 은유, 《싸울 때마다 투명해진다》 중에서

착한 여자, 좋은 엄마와 현명한 아내가 되어야 한다는 무의식이 내 안에 있었다. 내가 어릴 적 엄마는 집과 밥에 묶여 친구들과 밥 한 번 먹는 것도 아버지의 눈치를 봤다. 친구들과 여행을 가고 싶다는 엄마의 바람은 아버지의 고집에 꺾여 퇴색해버린 지 오래였다. 딸은 엄마를 닮는다는 말이 있다. 결혼 후의 나를 떠올려보니 엄마와 닮아 있었다. 일을 끝내고 저녁에 친구를 만나러 가는 것도, 술 한잔하는 자리도 즐길 줄 몰랐다. 아버지에게 귀가 따갑도록 들었던 말들이 떠오른다.

대학 새내기 시절, 서예 동아리 신입생 환영회에 갔다. 휴대폰이 없어 입회 원서에 집 전화를 적은 게 화근이었다. 저녁 식사를 마쳤을 때 전화벨이 울렸다. 아버지가 전화를 받았다. 아무 말 없이 전화기를 들고만 계시더니 "그런 사람 없습니다" 하고 퉁명한 소리로 전화를 끊었다. 그러고는 나를 불렀다.

"공부하라고 대학 보냈더니 동아리에 들어가서 이상한 짓 하고 다니는 거냐?"

"아니에요. 서예 동아리예요. 그런데 뭐라고 했는데 그런 사람 없다고 하셨어요?"

"동아리 활동 같은 거 하지 마라. 졸업하면 임용 고시 봐서 선생님 돼야지. 내일부터 학교 수업 끝나면 바로 집에 와."

나에게 온 전화를 마음대로 끊어버리는 아버지에게 화가 났다. 그리고 동아리를 민주화 운동 때 학생운동으로 생각하는 아버지를 어떻게 설득해야 할지 몰라 답답했다. 하지만 아무리 이야기를 해도 공부하는 데 도움이 되지 않으니 하지 말라는 말뿐이었다. 할 수 없이 공강 시간을 이용해 동아리 활동을 열심히 했고, 선배나 친구들에게 사정을 말하고는 집으로 연락하지 말라고 부탁했다. 내가 꿈꾸던 대학 생활은 아니었지만, 주어진 여건에서 최대한 내 시간을 확보하고 싶었다.

과 사무실 앞을 지나다 과 동아리 모집 글을 보았다. 교수님과 매일 아침 8시에 사서(四書)를 읽는 스터디였다. '공부하는 스터디는 허락해주시겠지' 하는 희망을 가지고 신청했다. 이렇게 나의 대학 생활은 고등학생들과 이른 새벽 버스를 타고 집을 나서는 것으로 시작됐다.

대학 1학년 첫 여름방학 때 과 동아리 활동으로 김제시 금구면의 금구향교 제실에서 선생님을 모시고 한 달간 합숙하며 〈논어)를 강독하는 프로그램을 진행했다. 참여하고 싶다고 아버지께 말씀드리자 "여자가 집 밖에 나가 한 달이나 있다 온다고? 집에서도 얼마든지 할 수 있는데. 안 된다"라며 딱 잘라 말하셨다.

결국 교수님께 사정을 이야기하자 부모님과 통화를 해보겠다고 하셨다. 덕분에 어렵게 허락을 받았다. 이렇게 나의 설레는 일탈이 시작됐다. 하지만 처음 얻은 일탈은 설렘을 짓밟고 현실을 마주해야 했다. 함께 참여한 선배들과 식사 당번을 정하고 매일 이른 아침 식사 준비를 해야 했다. 더 힘든 것은 〈논어〉 강독이었다. 청학동에서 오신 선생님을 모시고 오전에는 공부한 내용을 외웠고, 오후에는 선생님 앞에서 무릎을 꿇고 암송해야만 하루 공부가 끝났다. 집에 가고 싶은 생각이 하루에 수십 번씩 들었지만, 내가 선택한 일을 포기하고 싶지는 않았다.

이렇게 한 주가 지나고 주말이 되면 집에 올 수 있었다. 막상 집에 오니 몸은 편했지만, 마음은 답답했다. 집이 목포에 있던 친구는 매주 집에 가는 게 힘들었는지 시내에서 선배들과 술도 마시고 심야 영화도 보며 자유롭게 시간을 보냈다. 하지만 통금 시간이 있던 나에게 부모님의 구속에서 벗어난 한 달은 자유를 만끽할 수 있는 시간이었다. 이렇게 또 다른 세상을 알아가는 것이 재미있었다.

나는 동아리 친구 중 같은 기수에 같은 고등학교를 졸업한 두 친구와 늘 붙어 다녔다. 방학 특강으로 함께 먹고 자고 생활하면서 서로 고민을 털어놓고 공감해주며 가까워졌다. 한번은 친구들과 하루의 일탈을 계획했다. 이른 새벽 집을 나와 전주에서 용인까지 가는 버스에 몸을 실었다. 시험이 끝난 다음 날이었고, 완벽한 일탈이었다. 미리 사놓은 비키니 수영복을 넣은 가방을 메고 "학교 다녀오겠습니다" 인사한 뒤 오전 6시 버스를 타기 위해 집을 나서는 발걸음은 가벼웠고, 마음은 설렘으로 가득했다.

입장권을 대신한 밴드를 손목에 차고 탈의실 키를 받아 안으로 들어갔다. 끝이 보이지 않을 정도로 늘어선 라커 사이로 늘씬한 몸매에 잘록한 허리를 자랑하며 배꼽에 피어싱을 하고 비키니를 입은 그녀를 곁눈질로 바라보았다. 쭈뼛쭈뼛 수영복으로 갈아입고 거울에 비친 내 모습을 보니 '물놀이를 처음 한다'고 광고하는 것 같았다. 드러난 팔다리가 분칠을 한 듯 뽀얬다. 속살을 드러낸 건 목욕탕 빼고는 처음이어서 나도 모르게 몸이 움츠러들었다.

밖으로 나오자 시선을 어디에 두어야 할지 몰랐다. 뜨거운 태양 아래 푸른 구름 위를 내려오는 둥근 터널을 지나 미끄러지듯 물속으로 이어지는 워터 슬라이드, 커다란 해골 모형에 물이 가득 차면 뒤집어지며 폭포처럼 쏟아지는 물줄기, 긴 유수 풀에서 튜브를 타고 여유롭게 떠다니는 사람들, 어디선가 "뿌우우" 하고 뱃고동 소리가 들려오면 동시에 사람들이 환호하며 파도 풀로 뛰어드는 소리가 연달아 귀를 때렸다. 인공 파도라니, 태어나서 처음 보는 광경이었다. 어디부터 가야 할지 몰라 멍하니 서 있자 친구가 손을 잡아끌었다. "저기 높은 슬라이드 먼저 타러 가자. 저게 가장 인기 있는 거야. 줄이 길어지기 전에 빨리 가자." 길고도 짧은 짜릿한 일탈이었다.

아이들이 어릴 때는 나의 손길이 절실했지만, 이제는 자란 키만큼 나의 시간도 길어졌다. 결혼 후 남편은 친구들과 해외여행도 가고, 명절이면 친구와의 약속으로 늦게 들어오기도 했다. 하지만 나는 명절 때마다 집에 발이 묶여 지냈다. 왜 혼자 여행을 떠날 생각조차 하지 못했을까.

아이들이 어릴 때는 육아와 일을 병행하기가 벅찼다. 〈82년생 김지영〉에서 지영의 말이 떠오른다.

그녀는 이렇게 사는 것도 나쁘지 않다고 했다. 누군가의 엄마, 누군가의 아내로 가끔은 행복하기도 했다. 하지만 때때로 갇혀 있는 기분이 들기도 했다.

이 벽을 돌면 또 벽이 나오고, 다른 길로 가도 결국은 벽이라며, 처음부터 출구가 없었던 건 아닐까라는 생각이 들면 화가 치밀어 올랐다. 그러면 결국 이 모든 게 자신의 잘못인 것 같았다. 다른 누군가는 출구를 찾아냈을 텐데, 자신은 그런 능력이 없어 낙오한 것 같다고 자책했다.

나도 그랬다. 그 벽을 넘고 싶었다. 그 벽을 넘기 위해 만삭에 종이와 멀어진 붓을 잡았고, 천자문을 쓰기 위해 하루하루 몰입한 시간은 젖은 빨래의 물기가 마르듯 일상의 그늘 속으로 사그라졌다. 발이 묶인 새처럼 날아올라도 다시 제자리에 서 있는 내가 초라해 보였다. 왜 그때 나의 감정을 이야기하고, 하루라도 내 시간을 만들어볼 생각을 못 했을까.

고춧가루가 여기저기 붙어 있는, 운동장만 한 김장 매트를 씻으며 어디론가 떠나고 싶었다. 할 일을 마친 개운함은 집으로 가는 길에 문득 '혼자 여행을 가보면 어떨까? 떠나보자'라는 생각으로 이어졌다. 김장을 마치고 온몸에 뻐근한 근육통이 몰려왔지만, 생애 처음으로 혼자 떠나는 여행은 몸을 움직이게 했다.

그동안 여행은 늘 가족과 함께했다. 아이들이 어릴 때는 밥을 먹이고 화장실을 쫓아다니느라 밥 한 술 편하게 먹지 못했고, 자라서는 사춘기 아이의 기분에 맞춰주느라 눈치를 봐야 했다.

제주도로 가족 여행을 갔을 때다. 중학교 3학년 딸아이가 제 옷은 알아서 챙기겠다는 말에 나는 내 옷만 챙겨 왔다. 하지만 옷을 제대로 챙겨오지 않은 아이는 내가 입을 옷을 꺼내 입었다. 해변에 내려 함께 사진을 찍고 여유롭게 거닐고 싶었다.

"엄마, 나 여기서 사진 찍을래."

"그래, 찍어줄게."

"여기서 이 각도로 찍어줘!"

아이가 건넨 휴대폰으로 카메라 셔터를 여러 번 누르고 다시 건네주자 사진을 확인한다.

"엄마, 사진을 이렇게 찍으면 어떻게 해. 맘에 안 들어. 아빠가 다시 찍어줘."

아이는 아빠와 함께 바닷가 쪽으로 장소를 옮겨 다양한 포즈를 취하며 사진을 찍는다. 드디어 마음에 드는 사진을 확인하고 흡족한 표정을 짓는다.

누구도 신경 쓰지 않고 나에게 집중할 수 있는 여행, 아무것도 하지 않아도 되는 여행을 혼자 떠나보기로 했다. "친정에서 동생과 하루 쉬고 올게요." 친정으로 향하던 차는 내 마음이 움직이는 곳으로 방향을 틀어 바다가 펼쳐진 해안 도로를 달린다.

㊼ 묵묵히 나의 길을 걷는 삶

묵묵히

커피 한 모금과 라디오에서 들리는 선율에 몸을 맡기고 핸들을 잡았다. 내비게이션 지도와 친절하게 속도제한을 알려주는 음성 안내에 따라 안전하게 목적지에 도착했다.

산 능선이 이어져 한 팔로 바다를 감싸안고 있는 포근한 바닷가 언덕 위에 숙소가 자리 잡고 있다. 긴 선착장을 따라 조업을 마친 배들이 썰물에 드러난 갯벌 위로 몸을 누인 채 쉬고 있었다. 주차를 하고 숙소 앞 바다가 보이는 동네를 한 바퀴 걸었다.

마을 사이로 작은 길이 대문과 바로 이어져 있었다. 집과 길이 구분되지 않을 정도로 가깝다. 처마 끝에는 일주일 전쯤 잡은 듯한 생선이 그물망 안에 가지런히 담겨 있다. 집 앞 텃밭에는 파, 양파, 고추 등이 줄 맞춰 무성하게 자라고 있다. 내가 지나가자 텃밭 옆에서 강아지가 꼬리를 흔들며 반겨준다.

숙소에 일찍 도착했지만 친절하게 열쇠를 내주었다. 공용 주방 건물의 2층을 돌아 나무 계단을 한 번 더 올라가자 옥탑방이 나온다. 방 앞에 놓인 조그만 테이블 앞으로 바다가 끝없이 펼쳐진다. 짭조름한 바다 내음이 코끝을 스치고 시원하게 가슴을 적신다.

초록색 문을 열자 오른쪽으로 몬스테라 화분이 나란히 놓여 있다. 천창으로 비쳐 들어온 햇살이 찢어진 잎사귀 사이로 편백나무 바닥에 무늬를 그린다. 그 옆에는 긴 책상과 의자 그리고 초록빛 조명등이 자리해 있다.

책상 옆 벽면 장식장에 손바닥만 한 시집 한 권이 꽂혀 있다. 윤동주 시집 〈하늘과 바람과 별과 시〉다. 윤동주 시인이 살았던 1940년대에 누군가 보낸 것 같은 감성이 시집 표지에서 고스란히 느껴진다.

침대 옆 선반을 밟고 집주인이 한 땀 한 땀 깎아 만든 자귀나무 손잡이를 잡고 오르자 천창 아래 걸어놓은 그물 침대가 내 마음을 흔든다. 망설임 없이 해먹 중앙에 엉덩이를 대고 두 다리를 올려본다. 천창으로 들어오는 햇살이 눈부셔서 눈을 감고 머리를 기댄다. 흔들리는 그물 침대에 몸을 맡기고 아무것도 하지 않을 수 있는 자유의 순간이다.

간질간질 등을 타고 손끝으로 전해지는 감정이 고개를 들어서일까. 불현듯 윤동주의 '서시'를 쓰고 싶은 마음이 일었다.

**죽는 날까지 하늘을 우러러
한 점 부끄럼이 없기를,
잎새에 이는 바람에도
나는 괴로워했다.
별을 노래하는 마음으로**

모든 죽어가는 것을 사랑해야지.

그리고 나한테 주어진 길을

걸어가야겠다.

내 마음에도 거센 바람이 몰아치고 있었다. 1년 넘게 내가 원하는 것을 하고 있지만, 손에 잡히는 것 없는 글쓰기는 불안의 연속일 뿐이었다.

주말, 도서관에 갔다가 점심시간에 맞춰 서둘러 집에 온 나에게 대뜸 "도서관에 가면 돈이 나와? 도대체 신을 양말이 없어"라며 핀잔하는 남편의 말에 괴로웠다.

잠깐 앉아보라고 손짓하는 책상을 뒤로하고 문자향과 함께 밖으로 나와 문 앞에 있는 작은 테이블에 앉았다. 수평선 끝까지 이어진 바다를 보며 테이블 위에 문자향을 펼쳤다.

바람에 스치는 종이 위에 긋는 붓질은 나의 길이 된다. 내 의지와 생각으로 이어온 길. 썰물 같은 쓸쓸함에 쓸려가지 않고 묵묵히 나의 길을 걷는 삶. 나는 그런 삶을 살아가고 있는가?

글쓰기는 나와의 치열한 싸움이다. 이미 끝맺은 원고를 다시 쓰고 있다. 달무리가 뿌옇게 밤을 밝히면 내 서재이자 방인 거실 창가에 다시 앉는다. 깜빡이는 커서를 힘겹게 통과한 문장이 손끝에 스친다.

오늘 밤에도 별이 바람에 스치운다.

가 보 지 않 은 길 을 가 는 1g의 용 기

용 기

한비야를 처음 알게 된 건 대학교 4학년 때 학교 서점에서였다. 우연히 〈바람의 딸 걸어서 지구 세 바퀴 반〉이라는 책 제목에 이끌려 한참 동안 서서 책을 읽었던 기억이 있다.

졸업을 앞둔 해 가을, 노랗게 단풍이 든 나무 아래로 은행잎과 은행알이 우수수 떨어져 고릿한 길을 걷고 있었다. 임용 시험을 준비하고 교사가 되는 것이 내가 진정 원하는 길인가. 누군가가 원하는 사람이 되기 위해 안간힘을 쓰는 것이 맞는 건가. 답답한 마음이 넘기는 책장에 우수수 떨어졌다. 하고 싶은 것을 위해 주저 없이 떠나는 한비야의 용기 있는 결단이 내 마음에 파문을 일으켰다.

한비야는 서른세 살에 승진을 앞두고 늘 마음에 품고 있던 세계 여행을 하기 위해 사표를 냈다. 잘 다니던 직장, 눈앞의 승진…. 나였다면 주저하지 않았을까 생각하지만, 한비야에게 직장은 여행 경비를 모으기 위한 수단이었다. 그리고 그녀는 꿈을 이루기 위해 과감히 배낭을 멨다.

대학교 3학년 때 중국 사범대학 교환학생 모집이 있다는 것을 알고 나는 1년 전부터 중국어 학원에 등록해 매일 빠지지 않고 출석하며 중급까지 레벨을 올렸다. 하지만 아버지의 반대에 부딪혀 갈 수 없었다. 나는 왜 1%의 가능성에 희망을 걸지 않았을까? 그때 부모님 몰래 아르바이트를 해서라도 여비를 마련해 볼 생각조차 하지 못한 내가 바보 같다.

나이 서른다섯에 7년 동안 혼자서 아프리카, 중동, 중앙아시아, 중앙아메리카와 아시아를 육로로 돌았다. 1%의 가능성만 있으면 시도했다.
_ 한비야, 《바람의 딸 걸어서 지구 세 바퀴 반 1》 중에서

대학교 4학년, 시간 날 때마다 틈틈이 붓을 잡은 노력으로 전국대학미술공모전에 출품해 특상을 받았다. 그 일을 계기로 서예를 하고 싶다는 마음이 커져갔다. 광주에서 본 첫 번째 임용 시험에 떨어진 뒤 함께 시험을 본 친구들은 서울의 고시원으로 올라갔다. 나도 갈까 잠깐 생각했지만 마음을 접었다. 부모님이 허락하지 않을 것이 뻔했고, 내 마음도 원하지 않았다.

전주의 학원에 교육학 수업을 등록하고 콩나물시루처럼 빽빽한 강의실 의자에 앉아 종일 수업을 들었다. 그러나 강사의 목소리는 점점 작아져 들리지 않고 내 머릿속은 온통 붓을 잡은 모습뿐이었다. 그렇게 한 달이 지나고 다음 수업 등록일에 부모님께 수업료를 받고 등록하지 않았다. 대신 대한민국현대서예문인

화대전에 제출할 작품을 위해 매일 붓을 잡았다. 강의실에 앉아 있을 때는 숨을 쉴 수 없이 답답했지만, 붓을 잡으면 절로 생기가 돌았다.

70×200cm 화선지에 한시를 쓰고 있으면 붓끝의 움직임과 함께 호흡이 멈춘다. 3시간씩 쉬지 않고 수십 장의 종이에 글씨를 쓰고 나면 내 안의 모든 걸 태워버린 사람처럼 발바닥에서 뜨거운 열기가 느껴진다. 화선지 앞에 서 있는 순간만큼은 어느 누구의 강요가 아닌, 오직 나의 생각과 의지로 붓끝에 몰입할 수 있었다. 화선지 위에서 나는 '나'로서 생생하게 살아 움직였다. 한비야가 홀로 지구촌 오지를 누빈 것처럼 나는 화선지 위를 자유로이 여행했다. 정해진 길은 없었다. 마음이 원하는 대로 획을 그으며 내 인생을 그려갔다.

며칠 뒤 우수상을 수상했다는 소식을 들었다. 수상의 기쁨도 잠시, 이제 어떻게 해야 할까 고민이 되었다. 더 이상 부모님을 속일 수 없었고, 스스로 선택해야 했다. 하기 싫은 임용 시험공부를 하면서 붓을 잡을 수는 없었다.

"아버지, 임용 시험공부는 이제 그만둘게요. 서예를 하고 싶어요."

표정 없는 아버지의 입술이 파르르 떨리며 한쪽으로 일그러졌다.

"너 하고 싶은 대로 하려면 더 이상 경제적 지원은 없다. 집을 나가서 살든 말든 알아서 해라."

아버지를 이해할 수 없었다. 마치 가서는 안 되는 길을 가는 사람을 대하듯, 위험한 금지 구역을 넘는 사람을 대하듯 나를 취급했다. 인생 한복판에 내동댕이쳐진 기분이었다. 그래도 속박 당하는 것보다는 나았다. 나는 금기를 깨는 사람처럼 대범해야 했다. 저항군처럼 싸워야 했다. '교사'라는 안전지대를 이탈해 인생의 오지를 향해 가야 했다.

TV 프로그램 진행자의 질문이 생각난다.

"한비야 님, 왜 힘들게 오지 여행을 하셨어요? 편하게 살 수도 있었는데요."

"세상 사람들이 어떻게 살고, 무엇에 기뻐하고, 어느 때 행복을 느끼는지 궁금했어요. 그리고 가보지 않은 길을 가고 싶었죠. 젊은이들에게 배낭여행을 꼭 해보라고 추천해요. 배낭을 짊어지고 걷게 되면 꼭 필요한 것들만 담게 되죠. 그래도 40kg이 나가요. 비누를 사면 반으로 잘라 쓰고, 긴팔을 사서 입다 더운 지역으로 이동하면 잘라서 입죠. 물건을 살 때 이게 꼭 필요한 걸까 여러 번 생각하고 사게 되고요. 그러면서 돈이 없어도 당당하게 사는 법을 연습하게 됐죠."

그때 나에게 절실하게 필요한 건 1g의 응원에 기대어 1g의 용기를 내는 것이었다. 가보지 않은 길을 가고 싶은 용기와 돈이 없어도 당당하게 사는 법을 연습한다는 그녀의 말에 내 마음의 용기는 1g씩 차오르기 시작했다. 서예와 관련한 일은 닥치는 대로 해나가야 했다. 방과 후 강사 채용 이력서를 내고 첫 출근을 했다. 시끌벅적 떠드는 아이들의 목소리가 칠판을 두드리듯 내 심장을 요동치게 했다. 교실 안에서 뛰어다니는 아이들과 정신없이 수업을 시작했다.

방과 후 강사의 첫 월급은 내 용돈으로 쓰기에도 부족했다. 그래서 주말과 방학에는 선비문화체험관에서 숙식하며 일을 시작했다. 선비문화체험관에서의 수업은 오전 6시에 아이들을 깨우고 명상과 체조로 시작한다. 낯선 생활은 다리 찢기의 고통처럼 다가왔다. 되지도 않는 것을 매일 시도해야 했다. 식사 지도, 추구집(推句集) 낭독, 다도 및 예절 지도 등 학생들이 잠들기 전까지 해보지 않은 낯선 일과의 사투였다. 폐교를 개조한 체험관은 불편함을 최소화해 만든 공간이었기에 잠자리도, 씻는 것도 편하지 않았다.

"부족해도 앞에 섰을 때는 당당하게 내가 최고라는 자신감을 가지고 해야 돼. 주저하는 마음이 있으면 말에서 그대로 드러나는 법이지. 바로 되지는 않겠지만, 스스로 할 수 없을 거라 선을 긋지 말고 할 수 있다는 마음으로 하다 보면 한계를 넘어설 때가 올 거야." 선생님의 조언에 한없이 초라해졌지만, 한편으로는 '어떻게든 해내야지' 하는 오기가 발동했다.

그날 밤, 쌔근쌔근 잠든 아이들의 숨소리를 뒤로하고 삐걱삐걱 울어대는 복도를 지나 밖으로 나왔다. 가로등도 꺼진 칠흑 같은 밤, 조심스레 운동장 계단을 밟고 앉았다. 적막한 공기를 깨는 풀벌레 소리가 마음을 흔들었다. '어떤 일을 시작해도 겪을 일이야.' 풀잎을 다잡으며 하늘을 올려다보았다. 나의 고민은 쏟아지는 별빛에 산산이 부서져 밤하늘에 흩어졌다.

새벽녘 우는 소리에 놀라 일어나니 방 끝 쪽에서 자고 있던 1학년 아이가 앉아 울고 있었다. 가까이 가서 "엄마 생각이 났어?" 하며 안아주는데 바닥이 축축했다. '아, 실수를 했구나.' "선생님이랑 잠깐 나갔다 올까?" 가방에서 옷을 챙겨 샤워실로 들어가 씻을 수 있게 도와준 다음 옷을 갈아입혔다. 젖은 속옷을 빨아 널고는 "괜찮아. 선생님도 어릴 때 그랬어"라며 아무렇지 않은 듯 이야기하자 그제야 긴장한 아이의 얼굴에 미소가 번졌다.

사실 속으로는 놀라서 어떻게 해야 할까 고민했지만, 내가 놀라 당황하는 모습을 보면 아이가 더 울 것 같아 걱정됐다. 아이를 교실로 들여보내고 스스로 놀랐다. '이렇게 닥치면 다 할 수 있구나.' 퇴소 후 아이의 부모로부터 고맙다는 전화를 받았다. 닥치는 대로 해보는 경험치는 나를 점점 단단하게 만들어주었다.

경제적으로 독립하면서 서예 관련 공모전에 적극적으로 참여했다. 공모전 참가비부터 작품용 종이와 붓, 먹까지 필요한 용품을 구입하는 데에 수입의 70%를 지출했다. 공모전 입상으로 현장 휘호(揮毫; 붓을 들고 글씨를 쓰는 것)에 참가하기 위해 전날 휘호에 필요한 붓, 먹, 벼루, 화선지 등 빠진 게 없는지 가방을 한 번 더 살피고 잠자리에 누웠다. 대학수학능력시험 전날을 맞은 수험생처럼 떨리는 마음이 진정되지 않아 이리저리 뒤척이다 잠깐 눈을 붙이고 새벽에 터미널로 향했다.

서울이 초행길인 나에게 지하철 타는 법은 왜 이렇게 어려운지. 자꾸 방향이 헷갈려 마치 수많은 갈래의 한복판에 홀로 서 있는 듯했다. 어디로 가야 하는지, 이 길이 맞는지 물을 때 친절하게 알려주는 사람은 있지만, 어차피 발걸음을 내딛고 나아가야 하는 사람은 나였다. 다행히 늦지 않게 휘호 장소에 도착할 수 있었다.

그곳에 모인 이들 중 머리가 희끗희끗한 분에게서는 전문가의 카리스마가 느껴졌고, 비슷한 또래도 몇몇 보였다. 시작 전부터 주눅이 들었다. 지정된 자리에서 내 이름과 번호를 확인한 후 가방을 열었다. 주어진 3시간 동안 작품 두 점을 완성해야 했다.

딱딱한 바닥에 모포를 깔고 벼루와 서진으로 고정한 뒤 모포의 주름진 부분을 편평하게 폈다. 정성을 들여 갈아온 먹물을 벼루에 붓자 먹 향이 은은하게 퍼졌고, 떨리는 마음이 조금 진정되었다. 붓에 스며든 먹물을 적당히 빼고 종이 위에 긋는 첫 획이 떨렸다. 손에 힘을 주어 떨리는 붓끝을 다잡고 다음 획을 긋는 순간 숨을 멈추었다. 마지막 글자를 쓰고 나니 다리가 저려왔다. 발을 펴고 서서 긴 숨을 내뱉자 다른 사람들이 눈에 들어왔다.

그중 작품을 투명 파일에 고이 모셔와 보고 쓰는 한 사람에게 눈이 멈추었다. '연습할 때는 보고 쓸 수 있지만, 휘호 장소에서 보고 쓴다고?' 머리에 번쩍 번개가 치는 듯한 충격을 받았다. 내 기준에서는 허용할 수 없었다. 적어도 자신이 쓴 작품은 외우고 있어야 하는 게 아닐까. 가슴 떨리는 긴장감이 사라지고 알 수 없는 자신감이 차오르는 것을 느꼈다.

부족한 실력에도 결과는 특선이었던 현장 휘호는 나에게 많은 것을 경험하게 해주었다. 첫 휘호 때는 글씨 쓰기에 급급해 다른 사람들이 눈에 들어오지 않았다. 해마다 휘호에 참가하면서 사람들이 쓴 작품을 보며 '어떻게 이렇게 쓸 수 있을까' 놀라고 자극을 받았다. 나중에는 얼굴이 낯익은 사람끼리 눈인사도 하고 이야기도 나누며 그들의 열정에서 느낀 1g의 용기를 나의 열정에 보탤 수 있었다.

내 안에 있던 1g의 용기를 마흔의 끝에 서서 다시 꺼낸다. 선을 넘기 위한 나, 다시 붓을 잡고 내 삶의 자취를 긋는 여행의 항로를 잡는다. 바다 위의 배를 운항하는 선장처럼 삶의 주인으로서 내 삶의 항로를 정하고 나아가는 것이다. 바다는 잠잠하다가도 거센 파도와 비를 만나면 배를 뒤집어엎을 정도로 위험한 존재다. 그렇게 모든 것을 집어삼키기도 하는 바다이지만, 그럼에도 푸른 하늘 같은 바다를 다시 마주한다. 1g의 용기를 더하고 더해 첫 개인전을 열었다. 글을 쓰는 도전은 지금 책을 쓰는 나를 존재하게 했다. 주어진 길을 가는 것이 아닌, 가보지 않은 길을 가는 용기를 내본다.

59

선을 넘는 모험은 소통의 향기로

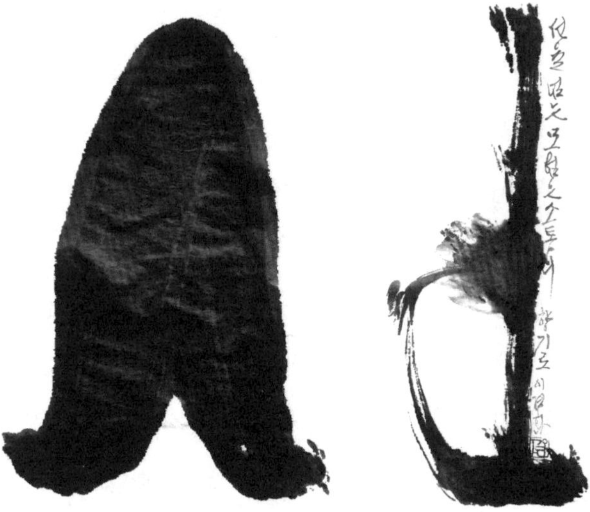

선

긴장과 설렘을 안고 밖으로 한 발 내디뎠다. 마음을 다잡고 문자향과 삼각대 등 필요한 물건을 가방에 담아 나왔다. 운전대를 잡은 지 10분. 수목원 오픈 시간이 오전 9시인데, 벌써 주차장에 차량이 가득 차 있었다. 어떻게 할까 잠깐 머뭇거리다 내리기로 결정하고 주차를 했다. 문자향을 챙겨 수목원 입구로 걸어가는 길. 가족이나 친구 또는 연인과 손을 잡고 가는 사람들의 재잘거리는 말소리, 차량의 소음, 노점 상인의 호객 소리에 심장박동이 빨라졌다.

수목원은 계절에 따라 다른 꽃이 피기 때문에 같은 장소이지만 다른 꽃을 보고, 다른 분위기를 느낄 수 있는 것이 매력이다. 가장 좋아하는 대나무 숲길로 발걸음을 옮겼다. 위를 향해 쭉쭉 뻗은 시원한 초록 가지 사이사이로 마주한 하늘은 같은 듯 다른 느낌이다. 좁은 대나무 사잇길을 걷는 것도 좋다. 대숲의 청량한 공기와 새소리가 마음을 편안하게 해준다. 바람에 댓잎이 서로 부딪치며 사그락사그락 울리는 소리가 운치를 더했다. 바닥을 쓰는 긴 한복 치마를 살짝 들고 걸어갈 때 나는 소리 같다.

경치를 감상하며 문자향을 펼칠 장소를 찾는 눈길이 바빠졌다. 좁은 길을 막으면 지나는 사람들이 불편할 것 같아 발길을 돌려 중앙 잔디 광장을 지나 위쪽으로 올라갔다. 수련이 피어 있는 연못을 지나 경사진 오르막을 올라가니 걷는 사람들이 이따금 보이긴 하지만 아래쪽보다는 한산했다. 중앙 잔디 광장을 지나오면서 안내 방송을 들으니 오늘 예정된 태권도 시범과 함께 한창 만개한 장미가 많은 사람이 방문한 이유였다.

나뭇잎 사이로 햇살이 반짝이는 벤치 위에 앉았다. 먼저 휴대폰 카메라를 설치한 후 문자향을 삼각대에 고정하고 앉아서 쓸 수 있는 높이로 조절했다. 벼루와 붓을 꺼내고 먹물을 따랐다. 날씨가 덥기도 하지만 긴장해서인지 턱선을 따라 바지 위로 땀방울이 떨어졌다. 사람들의 시선이 온몸을 스치자 긴장과 설렘에 심장이 두근거렸다. 달리기에서 출발을 알리는 총성을 듣기 전 출발선에 선 기분을 오랜만에 느낄 수 있었다.

붓을 들고 몇 글자 써 내려갔다. 떨리는 붓끝이 종이 위로 내려앉았다. 내려 긋는 획에 마음이 부드러워지고, 붓질도 편안해졌다. 붓끝에 집중하니 지나가는 사람들의 시선도 크게 신경 쓰이지 않았다. 낯선 모습에 대한 호기심으로 바라보는 시선을 즐겨야 이 시간을 누릴 수 있다는 것을 다시 한번 깨달았다.

바람결에 전해오는 장미 향기를 따라 발걸음을 옮겼다. 기와 담장을 따라 피어 있는 색색의 장미꽃이 날카로운 향기로 후각을 자극했다. 사진 찍는 사람들로 북새통이었다. "사진 한 장 찍어줄 수 있어요?" 할머니가 휴대폰을 건네며 말했다. 양손에 문자향과 삼각대를 들고 있어 옆에 내려놓고 사진을 찍어드렸다. "장미가 너무 예뻐서 사진 한 장 찍고 싶어서요. 고마워요."

층층이 올라가는 기와 담장 사이에 피어 있는 빨간색, 노란색, 흰색의 장미가 화려한 자태를 뽐내고 그 위로는 파란 하늘이 펼쳐져 있다. 장미는 그저 꽃을 피웠을 뿐인데, 사람들의 얼굴에서도 행복한 미소를 피워낸다. 장미꽃이 하나뿐이라면 꽃이 피었는지조차 모르고 지나쳤을 것이다. 수천 송이의 장미가 꽃을 피우니 진한 향기가 머리를 아찔하게 했다. 별을 떠나 모험을 시작한 어린 왕자에게 나타난 여우처럼 내 안에서 즐기던 붓질은 선을 넘은 모험으로 소통의 향기를 뿜으며 사람들에게 다가갈 것이다.

60 온전히 즐겨야 나눌 수 있다

바람이 분다. 물 위로 몸을 말고 올라온 연잎 사이로 바람이 스친다. 하나둘 떨어지는 빗방울이 수면 위에 원을 그리고 사라진다. 고즈넉한 정자가 눈에 들어온다. 비를 잠시 피하며 여유롭게 앉아 있기 좋은 적당한 장소다.

정자의 편액에는 '연지정(蓮池亭)'이라 쓰여 있다. 연꽃이 피면 눈으로 향기를 만끽하기에 적당한 곳이다. 연꽃이 피는 6월부터 8월까지 주말에는 서로 어깨를 부딪치며 걸어야 할 정도로 사람이 많다. 비가 살짝 내리는 오늘은 운치 있고 한가롭다. 신발을 벗고 정자로 올라가 앉았다. 눈앞에 펼쳐진 연못 끝자락은 초록빛 카펫을 깔아놓은 듯 푸른 소나무와 맞닿아 있다.

휴일 오전, 행사가 시작되자 판소리 한 대목이 들려온다. "토끼가 달려간다. 토끼가 달려간다. 산 넘고 개울 넘고 구름다리를 건너서 달려간다." 몇 년 전 한옥마을에서 재미나게 들었던 창작 판소리 공연 〈토끼와 거북이〉의 휘모리 일부다. 토끼와 거북이의 아이스크림 내기 달리기 시합에서 거북이가 이기고, 서로의 장점을 배우며 우정을 키워가는 내용으로 아이들에게 쉽고 재미있게 다가갔던 판소리다. 판소리 다섯 마당의 내용은 알고 있지만, 판소리의 사설 내용에는 한자어가 많이 나와 이해하기 어려운 부분이 많다. 모두 알고 있는 이솝 우화 〈토끼와 거북이〉의 이야기를 각색해 모두에게 웃음을 선사했던 공연이어서 기억에 남아 있었다. 전통의 맥을 이어가며 대중과 함께 호흡하는, 살아 있는 전통문화란 바로 이런 게 아닐까.

시간이 멈춘 듯 여유로운 시간, 붓을 잡는다. 바람이 종이를 펼친다. 비에 젖은 바람은 붓끝에서 번진다. 긴장된 마음이 주름진 셔츠를 다림질하듯 서서히 펴진다. 첫 외출에서 느끼지 못했던 여유다. 오늘은 두 번째 외출. 지금 이 순간을 간직하고 싶어 마음속에 사진을 찍는다. 붓을 잡은 순간의 행복이 피어날 때 사람들과 나눌 수 있는 향기로 다가갈 수 있을 것이다.

61. 새로운 삶에서 느끼는 행복

휴일인 주말. 같은 시간에 운동을 하기 위해 바닥에 매트를 깔지만, 오늘은 왠지 몸이 무겁고 운동하기 싫은 날이다. 운동복으로 갈아입고 아파트 단지 헬스장으로 내려간다. 휴대폰의 스톱워치를 켜고 동영상 촬영을 시작한다. 함께하는 시선은 내게 할 수 있는 힘을 주기도 한다.

20대에는 예쁜 친구들을 부러워했고, 30대에는 육아로 나를 돌볼 여유가 없었다. 40대가 되어서야 나를 바라볼 수 있는 여유가 생겼고, 운동과 식단에 대한 고민과 함께 변화를 추구하기 시작했다. 운동이 숨어 있는 근육을 드러내주는 것처럼 나를 덮고 있는 가면을 벗고 아직 만나지 못한 새로운 나를 만나기 위함이었다.

예민한 사람은 모든 일상에서 스트레스를 받기 쉬운데, 이를 최대한 덜 받기 위해 자신만의 방법을 아는 것이 중요하다. 명상, 운동, 수면, 여행, 맛있는 음식

먹기 등 다양한 방법을 통해 자신만의 스트레스 해소 방법을 찾는다. 명상은 복잡한 생각을 정리하고 비우는 과정이며, 운동은 스트레스를 견뎌낼 수 있는 힘을 길러준다. 깊은 잠은 피로를 풀어주는 약이 되고, 더불어 좋은 음식은 몸에 활기를 더해줄 수 있다.

하지만 정작 가장 중요한 마음을 돌보는 것은 잊고 살 때가 많다. 나에게는 명상이 나의 감정과 욕구를 알아차리고 나를 깨우는 방법이라면, 운동은 몸을 깨우는 것이었다. 그리고 서예는 정신과 몸이 함께 휴식할 수 있는 삶의 힘이었다.

빛을 받은 수면은 거울이 되어 산과 나무, 하늘을 있는 그대로 반영한다. 이처럼 자신의 마음과 생각을 들여다볼 수 있는 거울을 우리는 가지고 있을까. 나에게 거울은 서예다. 현재 나의 생각을 글로 정리하고 붓으로 쓰는 행위는 거울에 나를 비춰보며 나다움을 찾아가는 과정이다.

실사 영화 〈인어 공주〉를 첫 상영 시간으로 예매한 덕에 영화관은 사람들의 발길이 뜸했다. 어릴 적에 동화책으로도 읽고 만화영화로도 본 〈인어 공주〉의 결말은 늘 마음에 들지 않았다, 물거품이 되고 마는 주인공이라니, 인정하고 싶지 않았다. 이후 디즈니의 애니메이션 영화 〈인어 공주〉 또한 OST 'Under the

Sea'는 인상적이었지만, 왕자와 결혼해 행복하게 사는 결말도 뭔가 부족한 느낌이 들었다.

오늘 본 실사 영화 〈인어 공주〉는 인간들의 세상에 대한 호기심으로 자기 삶의 터전을 벗어나 바다와 인간 세상의 경계를 넘어선 인어 공주 에리얼의 이야기다. 자신이 원하는 것을 찾아 떠나는, 용기 있는 인어 공주가 새로운 세계로 떠나 펼치는 사랑과 모험을 그렸다. 에리얼은 마침내 자신의 선택으로 누구도 가능하지 않을 거라고 생각한, 넘을 수 없다고 여긴 새로운 세계의 경계를 넘는다.

미지의 세계에 대한 희망을 가지고 떠나는 여행. 새로운 삶을 선택한 순간, 편안함에 익숙해진 나를 바라볼 수 있었다. 결국 행복은 자신의 선택에서 비롯된다는 걸 또 한번 깨달았다.

㊲ 선을 넘은 선, 새로운 세상에 눈 뜨다

새로운 길

길

문자향. 두 다리로 흙을 밟은 채 숲길에 우뚝 서 있다. 한 획을 긋는 붓끝은 가지 끝과 맞닿아 세상 밖으로 펼쳐진다.

한 획을 그으며 한정된 종이 위에 갇혀 있던 가녀린 선, 그것은 바로 나 자신이었다.

희미한 기억 속의 영화. 제목은 잊었지만, 한 장면만은 선명하게 남아 있다. 더 이상 나아갈 수 없는 길, 절벽 끝에 서 있는 주인공의 모습이다.

"눈에 보이는 것이 전부가 아니야. 길이 있다는 믿음으로 한 발만 내딛어봐."

영화의 한 대사다. 붓을 잡은 시간은 내게 공모전에 응모해 상장과 초대 작가 증서를 받는 행운을 가져다주었지만, 거기까지였다. 막다른 길을 마주하고 그 앞에서 나아갈 방법을 고민하는 내가 있었다. 지금까지 걸어온 길에서 방법을 찾을 수 없다면 새로운 방법이 필요하지 않을까.

절벽 끝에 서 있는 간절함은 두려움에 망설이던 몸짓을 뛰어넘을 수 있는 51%의 용기였다. 눈을 질끈 감고 삶의 끝자락에 한 발을 내딛자 보이지 않던 길이 눈앞에 펼쳐졌다.

익숙해진 붓질, 생각의 틀을 통해 서예를 바라보자 늘 가던 길을 무심히 걷고 있는 나를 발견할 수 있었다. 서예가들의 법첩을 임서하고, 선생님의 그림자 안에서 나를 한정 짓고 있었다. 상자 안에 가지런히 담긴 붓, 먹, 종이, 벼루는 물건일 뿐이었다. 부드러운 붓털을 종이 위에 세우고, 반대로 꺾이는 털끝에 탄력을 실어 나아가는 선은 힘차다.

  모험을 시작한 마음은 탄력을 받았고, 그 덕에 붓끝의 갈라진 틈, 그 뒤틀림의 시작에서 생명력이 싹을 틔웠다. 종이 위에 힘찬 선을 긋듯 문자향과 함께 세상으로 나아갈 길을 그려본다. 그 길은 내가 아닌 것에 스며드는 것, 그리고 변화였다.

  서예와 일 그리고 나의 삶은 따로따로 놓여 있는, 쓸모를 찾지 못한 구슬 같았다. 서예가라 말하기에는 자신이 없고, 취미라 말하기에는 투자한 시간이 아까웠다. 나의 위치는 그 사이 어디쯤에 엉거주춤 서 있었다. 거리를 좁혀보려고 한발 나아갔다가 한계에 부딪히면 다른 길로 우회하고 있었다. "넌 빙 돌아서 늘 그 자리야." 뒤통수를 내려치는 듯한 남편의 말에 멍해졌다. 틀린 말이 아니었다. 내 삶의 방관자가 아닌 주인으로 서자. 한 알 한 알 바구니에 담겨 언젠가 쓸모를 기다리는 구슬로 살지 말고 선을 넘은 선으로 구슬을 알알이 꿰어보자.

  새로운 도전을 향한 설렘을 종이 위에 그어본다. 햇살 좋은 날, 벤치 아래서 붓을 잡은 나는 어제와 다른 나였다. 나를 밖으로 초대한 햇살은 먹물이 말라붙은 벼루에 빗물이 떨어지듯 나에게 생기를 선사했다. 내가 좋아서 시작한 서예를 취미에 그치지 않고 온라인 수업으로 확장하고 시도할 수 있는 용기를 주었다. 자연을 느끼며 붓을 잡은 시간은 선을 넘는 과정이었다. 이제야 길 위로 나온 것이다. 길 위에서 만나는 사람과 자연은 내가 내 삶의 주인으로 살아갈 수 있도록 지금껏 경험하지 못한 새로운 세계의 문을 열어주었다.

63 매일의 도전으로 오늘을 적신다

한가로운 어느 오후, 차창을 두드리는 빗소리와 스륵스륵 반복되는 와이퍼 소리를 들으며 서학예술마을도서관에 도착했다. 도서관은 이름에 걸맞게 사진, 그림, 음악과 관련된 책들이 수두룩했다.

바닥에 징검다리처럼 돌을 깔아놓은 정원을 지나 도서관 입구로 들어갔다. 왼쪽으로 정원이 보이는 전면 창 앞에 긴 책상이 놓여 있었다. 정면에 보이는 작은 창 아래로 앙증맞은 책상과 의자가 보인다. 오른쪽으로 고개를 돌려 2층으로 연결된 계단을 따라 올라갔다.

2층 도서관에는 혼자 있고 싶은 날에 앉아서 책을 읽을 수 있는 1인 의자가 있다. 후미진 나만의 공간에 숨고 싶은 날, 그곳에서 부드러운 쿠션 위에 엉덩이를 붙일 수 있다.

음악을 들을 수 있는 공간도 이색적이었다. 2층에서 담쟁이동과 연결된 문을 열고 들어가면 어릴 적 다락방에 올라온 느낌이 든다. 낮은 계단을 오르면 좌식 책상 앞에 창이 있는데, 창밖에 보이는 초록빛의 담쟁이넝쿨이 비에 젖어 싱그럽다.

빗방울이 굵어지며 창을 두드리는 소리가 어깨를 감싸며 흐른다. 계단을 올라오며 시선이 머문 책 한 권을 집어 들었다. 〈우리 삶이 춤이 된다면〉. 제목보다는 빨간 레인코트와 빨간 구두에 빨간 우산을 펴 들고 춤추듯 뛰어오른 여자의 강렬한 표지에 시선이 꽂혔다. 이 사진 한 컷을 위해 무용수는 비 오는 날 구두를 신고 마흔일곱 번이나 뛰어올랐다는 이야기를 읽고 놀랐다. 와이어나 특수 장치를 이용해 찍었을 거라는 내 생각을 뒤엎어버렸다. 자연과 공간 속 몸의 아름다움이 어우러진 순간을 표지 사진에 담은 책이었다.

우리는 완성된 작품을 감상하며 탄성을 자아내지만, 작품의 탄생 과정은 볼 수 없다. 그 과정에서 겪었을 수많은 실패와 좌절이 담겨 있기에 결과가 아름다울 수 있다는 사실을 보지 못한다. 반짝 스치는 생각의 끝을 부여잡고 씨름하기 시작한다. 펜으로 먼저 써보고, 마지막에 붓을 잡는다. 생각으로 쓰는 글은 늘 멋지다. 하지만 붓을 잡고 긋는 획은 현실이다. 생각대로 된다면 더없이 좋겠지만 그렇게 되지 않는 경우가 99%이다. 생각대로 되지 않는 것을 고민하는 시간, 놓지 않고 끈질기게 써야만 볼만한 결과물이 나온다. 이렇게 완성되는 것이 글이고, 글씨다.

한 번의 좌절과 실패로 그만두기에 삶의 여정은 짧지 않다. 다시 시작하는 마음, 비바람에 쓰러진 풀잎이 꿋꿋이 일어나듯 매일의 도전으로 오늘을 적신다.

64
두려움이 물거품처럼 사라지기를

도로에 진동을 남기는 트럭이 지나갈 때면 어김없이 그때의 기억이 떠오른다. 반대편 차량의 신호 위반으로 생긴 사고였다. 사고 직전 뒷좌석에 앉아 있던 큰아이가 아빠 옆으로 가겠다며 뒷좌석의 안전벨트를 풀고 조수석에 앉자마자 '쿵' 소리와 함께 부딪쳤다. 뒷좌석에서 아기띠를 이용해 둘째를 안고 있던 나는 무의식적으로 아이를 감싸고 몸을 틀었다.

순간 정적이 흘렀다. 정신을 차리고 차에서 내려 큰아이를 보고는 하마터면 비명을 지를 뻔했다. 아이의 한쪽 눈이 부풀고 붉게 멍들어 있었다. 놀라서 심장이 뛰었지만, 아이를 진정시켜야 했다.

주변 사람들이 119에 신고한 덕분에 구급차로 이송됐다. 아이의 상태를 확인하기 위해 진찰하고 MRI를 찍느라 정신이 없었다. 남편은 사고 차를 수습한 후 늦게 도착했다. 한참 시간이 지난 후 내

다리에 통증이 느껴졌다.

초보 운전자에게 두 번의 교통사고는 다시 운전대를 잡지 못할 만큼 트라우마로 남았다. 다행히 운전은 할 수 있지만, 장거리와 고속도로 주행은 시도해보지 못했다. 휴대폰 지도에서 목적지를 검색하자 주행 시간은 1시간 10분이었다. 두려움이 먼저 나를 엄습했다. 심장이 뛰는 소리가 들렸다. 갈까 말까 갈팡질팡하는 마음이 수십 번 바뀌었다.

문자향과 영상을 찍을 삼각대를 준비하고 차에 올랐다. 크게 심호흡을 하고 시동을 걸었다. 내비게이션 음성에 귀를 쫑긋 세우고 출발했다. 연휴의 마지막 날이어서 그런지 도로는 한산했다. 허리를 세우고 긴장해서 굳어진 어깨가 느껴졌다. 한참을 달리다 보니 길 위를 일정한 속도로 달리기만 하면 되었다. 긴장이 조금 풀리자 노랗게 물든 황금빛 들녘이 보였다.

안내가 나오지만 갈림길에서는 '잘못 들어가면 어쩌지?' 하는 걱정이 앞섰고, 큰 트럭이 옆으로 지나갈 때면 '괜찮아, 괜찮아!' 하고 오그라드는 심장을 진정시키느라 비지땀이 났다. 그렇게 마음 졸이며 주행한 끝에 드디어 바다가 보였다. 차창을 열자 비릿한 바다 내음이 긴장했던 가슴을 쓸어준다. '그래, 오길 잘했어.' 모래 놀이에 한창인 아이들, 두 손을 꼭 잡고 걷는 노년의 부부, 놀고 있는 아이를 지그시 바라보는 할머니…. 모두 각자의 시간을 즐긴다. 답답한 마음이 파도에 부딪혀 하얗게 흩어진다.

"모래가 부드러워."

양말을 벗고 모래 속에 발을 넣는 딸아이를 바라보며 신발을 벗는다. 햇살에 데워진 모래알이 발바닥을 간지럽힌다. 조금 더 깊숙이 들어가자 축축한 모래가 느껴진다. 발가락 사이로 빠져나가는 모래알을 바라본다. 손으로 모래를 움켜쥐어본다. 손안에 꼭 가두려 애쓰지만, 내가 가질 수 있는 만큼만 남고 죄 빠져나간다. 빠져나가는 모래처럼 흘러가는 것은 보내버리자.

갈매기 떼가 땅에 내려앉을 듯 낮게 날다가 다시 비상한다. 접은 날개를 활짝 펼치며 비상하는 모습이 자유롭게 보인다. 겹겹이 다른 이야기를 품고 있는 주상절리를 따라 해변으로 발길을 옮긴다. 수만 년의 시간은 한 켜 한 켜 쌓여온 세월의 흔적을 품고 있다. 시간이 멈춘 듯 그대로 화석이 된 바위. 밀물과 썰물이 날카로운 바위를 부드럽게 깎아내듯 모든 두려움이 수면 위 물거품처럼 사라지기를.

무
소
의
뿔
처
럼
혼
자
서
가
라

무소의
뿔처럼

주말 아침, 노곤한 몸을 일으켰다. 빗방울이 떨어진 후 하늘이 맑게 갰다. 붉고 노란 낙엽 사이로 손짓하는 가을의 인사에 수목원으로 향했다. 여행 온 사람들의 설레는 발걸음. 두 눈에 달콤함이 묻어 있는 연인의 손길. 계속 엄마를 불러대는 꼬마도 가을을 밟고 있었다.

문자향과 함께하는 여행, 붓을 들고 나가면 이따금 생각지 못한 순간을 만나기도 한다. 물푸레나무 앞에 자리한 벤치 위로 햇빛이 살포시 내려앉았다. 따스함을 내준 자리에 문자향을 펼치자 비어 있는 여백 위로 햇살이 스며든다. 나뭇잎을 스치는 바람과 쉼 없이 지저귀는 새소리는 곡선을 그리며 종이 위에 선을 긋는다.

그물에 걸리지 않는 바람처럼 자유롭게,
소리에 놀라지 않는 사자처럼 담대하게,
진흙에 물들지 않는 연꽃처럼 향기롭게.

붓끝에 바람을 실어 세우면 번지는 먹빛에 한 잎 두 잎 낙엽이 떨어진다. 녹음이 짙게 드리웠던 여름을 지나 겨울을 맞이하는 계절에 서 있다. 가지 끝, 잎새 하나까지 내려놓는 가을이다.

제5장 선을 넘다

비워야 다시 채울 수 있음을 알기에 무심히 떨어지는 모습이 자연스럽다. 길바닥을 포근히 덮은 노란 잎새는 가지 끝에 미련을 남기기 않고 땅속 깊이 스며들어 다음을 기약할 것이다.

  종이 위에 떨어진 마지막 잎새는 삶의 전부라 생각해 부여잡고 있던 가지를 놓을 줄 아는, 진정한 용기를 가진 존재가 아닐까. 바스락바스락 낙엽 소리가 텅 빈 가지 끝을 채우며 말하는 듯하다. 무소의 뿔처럼 혼자서 가라고.

눈 덮인 세상은 걷는 대로 길이 되는 자유를 준다

소복소복

제5장 선을 넘다

눈이 내려 온 세상을 깨끗이 덮었다. 더럽고 추한 모습까지 하얗게 보듬어주는 아침이다. 눈 덮인 세상은 사람들이 규정한 길을 사라지게 하고 내가 걷는 발걸음이 길이 되는 자유를 안겨주었다.

어린 시절에는 부모님이 안내하는 길을 아장아장 걷기 시작했고, 청소년기에는 학교가 정해놓은 길을, 대학에서는 사회가 규정한 길을 걸어왔다. 졸업 후 나를 찾아 떠난 길도 결혼이라는 평범한 길이었다. 문득 아무도 규정하지 않은 나의 길을 걸어왔는지 생각해본다.

이른 아침, 여행을 마치고 집으로 돌아가는 길. 낯선 길에 대한 두려움에 운전대를 잡은 손이 안절부절못하다가 차츰 여유를 찾아가고 있다. 출발하고 얼마 지나지 않아 왔던 길이 아닌, 새로운 길이 안내되고 있었다. 차분히 내비게이션의 안내대로 따라가다 고속도로로 진입하라는 소리를 듣고 가슴이 철렁 내려앉았다. 갓길에 차를 정차하고 살펴보니 빠른 길로 설정한 탓에 고속도로로 안내되고 있었다. 길 안내를 다시 설정할까 마음이 흔들렸지만, 출근 시간이 임박했다.

그냥 가보기로 결정하고 숨을 크게 들이쉰 다음 고속도로로 진입해 통행권을 무사히 뽑았다. 시작은 나쁘지 않았다. 속력을 내어 달리는 차량이 발생시키는 진동이 땅을 울리고, 핸들을 잡은 내 손을 거쳐 온몸으로 전달되었다. 빗줄기가 점점 거세지며 차창을 때리자 심장박동도 덩달아 빨라졌다. 그래도 일정한 속도로 차선을 지키며 달렸다. 갈 때보다 집으로 돌아오는 길이 왜 이리도 멀게 느껴지는지. 마지막 휴게소에 들러 정차를 하고 긴 숨을 내뱉는다.

나의 길을 걷는 것은 예상치 못한 길을 달릴 때의 감정과 같다. 보이지 않는 목적지를 향해 걷는 시간은 길고도 암담하다. 세상의 길은 출발지와 도착지를 알 수 있고, 사람들이 걷는 길을 따라가다 보면 도착할 수 있다. 보이지 않는 길은 한 발씩 걷는 발걸음이 이어져 꿈의 길이 된다. 보기 좋게 포장된 길은 고민 없이 편안하게 갈 수 있지만, 그것은 나의 길이 아니다. 지금 걷고 있는, 보이지 않는 이 길이 내가 만들어갈 자유의 길이다.

제 6 장

여백은 새로운 공간을 보는 시선

67 텅빈 화선지를 마주하듯
68 붓멍, 여백의 아름다움
69 여백, 그 사이에서 생명력이 싹튼다
70 나를 닮은 붓질
71 여백의 공간, 자연을 닮다
72 담묵(淡墨)으로 담담하게 쌓아가는 하루
73 가장 낮은 바다는 모든 봉우리를 품고 있다
74 먹향을 나누다
75 향기는 소리 없이 공간을 채운다
76 인생의 가치, 나로 살아가는 현재가 최고의 순간
77 다시 봄, 연애 세포를 깨워라
78 속도를 내기보다 끝까지 걸을 뿐이다
79 나를 내려놓으면 보이는 것들

67 텅 빈 화선지를 마주하듯

기 다 림

새로운 도전과 설렘이 교차하며 잠을 쫓아내는 새벽이다. 눈을 떠 시계를 보니 이른 시간이다. 잠시 누워 생각에 잠겼다가 일어나 앉았다. 필요한 준비물을 챙기고, 메모한 종이를 확인하며 가방을 다시 살핀다.

막연히 하고 싶다는 생각으로 보디 프로필을 시작했다. 3개월간 매일 새벽 운동을 하며 식이 조절을 하는 것은 쉽지 않았다. 왜 힘들게 이걸 하고 있는 것인지 질문해본다. 운동은 삶에 활력을 주었지만, 목표를 가지고 해본 적은 없었다. 새로운 것에 대한 호기심과 선을 넘는 도전은 먹는 것을 줄이며 몸의 한계를 경험하게 했다.

해마다 홈쇼핑이나 TV 건강 프로그램에서 다이어트에 관한 식품과 정보가 수없이 쏟아져 나온다. 새로운 식품과 정보 속에서 사람들은 마음이 흔들린다. "한 알만 먹으면 됩니다"라는 말에 현혹되어 쉽게 할 수 있는 방법을 선택하고 싶은 마음이 새로운 다이어트 열풍을 만들어간다. 그것을 방증하듯 시중에는 온갖 다이어트에 좋다는 식품 보조제가 범람한다.

평소 배고픔을 느끼면 즉각적으로 음식을 섭취하기 때문에 진짜 배고픔인지 스스로 알아차릴 시간을 주지 않는다. 음식에 제한을 두는 것이 그것을 알아차릴 수 있는 시간을 만들어준다.

몸이 보내는 메시지를 예민하게 느낄 수 있는 것이다. 무엇을 원하는지, 어떤 음식을 먹고 싶은 것인지 정확히 말하지 못한다면 진짜 배고픔이 아닐 수 있다. 그저 습관처럼 먹고 있는 것일 뿐이다. 진짜 배가 고플 때 먹는 과일과 채소에서는 고유의 맛과 신선하고 아삭한 식감 속에 숨어 있는 단맛까지 혀끝으로 느낄 수 있다. 나의 경우 혀의 미뢰에까지 행복감이 고일 때 음식에 대한 감사함을 느낀다.

만족과 감사는 자연스러운 감정이지만, 누구나 느낄 수 있는 것은 아니다. 우리에게 주어진 풍족한 식재료에 대한 무분별한 섭취는 식탐과 갈증으로 나타나고, 결국은 만족할 수 없는 탐욕으로 이어진다. 채우는 것보다 비우고 기다리는 여백이 삶의 여유를 찾는 방법이 될 수 있다. 그러한 이유로 이렇게 텅 빈 화선지를 마주하고 서 있는지도 모르겠다.

먹물을 머금은 붓끝이 종이 위에 닿아 원하는 글자의 무늬를 그리고 나면 붓을 들고 기다린다. 먹의 번짐까지가 완성이기 때문이다. 붓은 서서히 종이 위를 미끄러지듯 제 몸을 부풀려가며 무늬를 그린다. 종이의 결을 따라 천천히 무늬의 끝에 닿기까지는 기다림이 필요하다. 선과 선이 만나 살결을 마주하는 순간 또 다른 무늬를 만들어간다. 나의 욕망을 바라보는 기다림의 시간이다.

붓멍, 여백의 아름다움

멍

제6장 여백은 새로운 공간을 보는 시선

화선지가 한 장 두 장 셀 수 없을 만큼 수북하게 쌓이고, 그만큼 마음의 무게도 쌓여가던 어느 날. 공모전 마감일이 다음 날인데 생각대로 되지 않고, 손에 힘을 준 만큼 고민도 깊어간다. 선생님이 지나가며 한마디 툭 던지셨다. "글자를 보지 말고 공간을 봐야지!"

획이 아닌 공간을 보는 것. 바라보는 관점을 바꾸자 보이지 않던 것들이 보였다. 획을 긋는 것에만 집중해 글자 전체의 구성이나 획과 획이 만나 새로운 공간을 만든다는 것을 생각지 못했다. 텅 빈 공간에 한 획을 그으면서 만들어지는 여백은 새로운 의미를 주었다.

서양화에서는 달을 그리라고 하면 붓으로 달의 모양을 확연하게 표현하지만, 동양화에서는 직관적으로 그리지 않는다. 달무리를 그려 주변을 어둡게 표현해 달이 있다는 것을 느끼게 한다. 달이 있는 자리를 비워두는 것이다. 이 기법을 동양화에서는 '홍운탁월(烘雲托月)'이라 한다.

획을 강조하고 드러내려고 할 때 강한 획만으로는 어렵다. 웅장하고 강인한 선 옆에 날렵하면서 여린 선이 함께하고, 여백이 있어야 할 자리에 있을 때 강함이 강하게 더욱 드러날 수 있다.

집 안의 공간이나 물건을 살펴보자. 책상, 책장, 그릇은 비어 있어야 쓰임이 생긴다. 우리의 삶도 그렇다. 옷장에 옷이 가득 차 있으면 내가 좋아하는 옷이 무엇이고 어느 위치에 있는지 알 수 없지만, 적당히 비워내면 다 보인다. 아무리 많은 옷을 가지고 있어도 적절한 장소와 때에 맞게 입을 수 없다면 그 옷은 기능을 상실해버린다. 채우려는 욕망을 잠시 내려놓는 것이 내 삶에 가장 필요한 게 무엇인지 알아차리는 방법이다.

2023년 9월, 이색적인 '멍때리기' 대회가 열렸다. 멍때리기 대회는 2014년 예술가 웁쓰양에 의해 처음 개최되었다. 여기서 멍때리기란 아무 생각 없이 넋을 놓고 있는 상태를 말하며, 대회의 규칙은 '아무것도 하지 않는 상태를 오래 유지하는 것'이다. 대회 참가자들은 심박 측정기를 지닌 채 아무 말도 하지 않고 가만히 앉아 시간을 보내야 한다. 대회가 진행되는 3시간 동안 참가자들은 휴대폰 확인, 졸거나 잠자기, 시간 확인, 잡담 나누기, 주최 측 제공 음료 외의 음식물 섭취(껌 씹기 제외), 노래 부르기, 춤추기, 독서, 웃음 등이 금지된다.

객관적 평가를 위해 진행 요원들은 15분마다 참가자의 검지에 측정기를 갖다 대고 심박수를 체크한다. 대회를 관전하는 주변 시민들은 인상적인 참가자에게 스티커 투표를 하고, 이렇게 얻은 관객 투표 다득점자 중 가장 안정적인 심박 그래프를 보인

참가자 1~3등을 뽑는다. 대회 우승자에게는 갓을 쓴 로댕 트로피가 수여된다. 참 이색적이고 재미있는 대회다.

불멍, 풀멍, 달멍 등 최근 아무 생각 없이 멍하게 있는 '멍때리다'라는 말의 사용이 빈번해지는 까닭은 삶의 여백을 만들기 위해서가 아닐까. 바쁘게 무언가를 해야만 제대로 살고 있다고 착각하는 건 아닌지. MZ세대는 주말 캠핑, 주말 트레킹, 제주도 한 달 살기 등 다양한 활동을 통해 여백의 시간을 갖는다. 멀리 가지 않아도, 앉은자리에서 바로 시작할 수 있는 것이 서예다. 붓을 잡고 흰 종이를 바라보는 '붓멍'은 어떨까. 발걸음을 잠시 멈추면 늘 그 자리에 있는 것의 아름다움을 새롭게 발견할 수 있다.

여백, 그 사이에서 생명력이 싹튼다

저것은 벽
어쩔 수 없는 벽이라고 우리가 느낄 때
그때
담쟁이는 말없이 그 벽을 오른다.
(중략)
저것은 넘을 수 없는 벽이라고
고개를 떨구고 있을 때
담쟁이 잎 하나는 담쟁이 잎 수천 개를 이끌고
결국 그 벽을 넘는다.

_ 도종환, 시 '담쟁이' 중에서

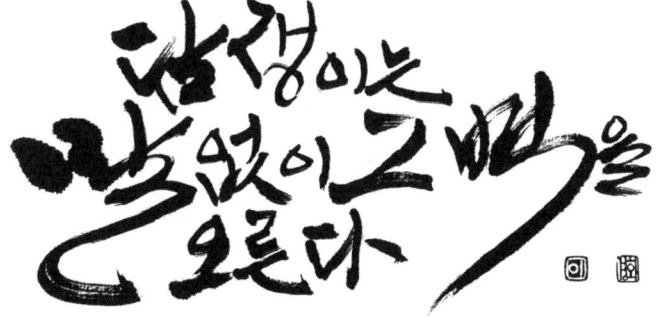

제6장 여백은 새로운 공간을 보는 시선

비바람에도 끝끝내 서로를 붙들고 매달려 있는 담쟁이넝쿨이 눈에 들어왔다. 적갈색 벽돌 벽을 따라 지붕까지 올라간 담쟁이넝쿨은 하늘을 향해 오를 기세다.

너와 나의 사이, 점과 점의 사이, 획과 획의 사이, 획과 여백의 사이. 늘 그래왔다. 가까워지면 서로를 찌르는 호저(豪猪)처럼 생채기를 냈다. 멀어지면 추위에 떨어야 했다. 그 추위를 견디는 것이 최상이라 생각했지만, 상대방의 체온을 느낄 수 있는 적당한 거리를 찾아야 했다. 그 사이를 찾는 서로의 노력이 필요했다. 그것이 사랑이고, 열정이었다.

벼루와 먹, 종이와 나. 쉼표처럼 서로의 공간을 내준다. 물과 먹은 섞일 수 없을 것 같지만, 까맣게 물들어 자신을 내준 벼루 위에서 하나가 된다.

먹물을 흠뻑 머금은 붓은 종이 위에 점을 찍는다. 점과 선은 서로를 포옹하듯 중첩된다. 때로는 가깝게, 때로는 적당한 공간이 필요하다. 거리가 주는 여백이 있을 때 획은 생기를 얻는다. 획과 획의 만남은 글자가 된다. 서로의 공간을 내주며 가깝게, 강렬하게 또는 나긋하게 종이 위 공간에서 춤사위를 보여준다.

일상의 너와 나 사이에 보이지 않는 답답함을 종이 위에 풀어본다. 실마리를 풀 수 있는 것은 나 자신이다. 바람에 흔들리는 종이 위에 담긴 내 마음을 먹빛으로 들여다볼 수 있었다. 너와 나를 고집하며 획을 그어버린 텅 빈 공간에 서서히 번지는 먹빛처럼 너에게 물들어갈 수 있기를 바란다.

나를 닮은 붓질

신나

느껴야 붓을 들 수 있었다. 나의 생각이 아닐 때, 느끼지 못할 때 몸은 움직이지 않았다. 내가 주인이 되지 못했기 때문이다.

규칙과 통일성을 벗어던지고 질서가 깨지는 틈에서 아름다움이 생겨난다. 그동안 무의식적으로 해오던 틀을 깨고 새로운 시도를 하기 때문이다. 차려입지 않아도 멋스러운 사람이 있다. 때로 멋이란 흥겨움이 저절로 드러나게 하는 것이다. 나도 모르게 신바람이 나서 몸을 움직이는 것이다. 꾸밈없이 그대로 드러내는 춤사위에 멋과 흥이 깃들어 있다.

모든 예술의 아름다움은 어쩌면 균형이 깨진 조화에서 나오며, 그것이 사람들에게 감동을 주는 건지도 모른다. 도저히 한 발로 서 있을 수 없을 것만 같은 동작으로 서 있는 발레리나의 균형 잡힌 몸 선에서 아름다움을 느끼듯이. 격식을 깨는 자율성에서 멋이 드러나듯 서예의 조형미도 그러하다. 글씨의 조형에서 안정감을 주는 삼각형과 사각형의 틀을 깨는 것이 그 시작이다. 글자의 구조를 바꿔보는 시선에서 창의적인 글자가 탄생한다.

판소리에는 '소리가 구성지고 맛깔스럽다'라는 표현이 있다. 판소리 본연의 맛을 느낄 때 쓰는 말이다. 그것이 나를 드러내 타인의 마음을 움직이는 힘이다. "범 내려온다, 범이 내려온다, 장림 깊은 골로 대한 짐승이 내려온다." 익숙한 노랫가락이 귓가에 들려오고 춤인 듯 춤이 아닌 듯한 동작이 머리에 각인되어 떠오른다. 2020년 한국관광공사 홍보 영상 속 색동옷을 입고 있는 김보람 앰비규어스댄스컴퍼니 대표의 춤을 보면 '이게 춤이야?' 하는 생각이 든다. 그는 "모든 동작은 춤이 될 수 있다"라고 말한다. 나만의 언어로 추는 춤, 즉 '스스로 춤'인 것이다.

글 속에서 그 사람을 볼 수 있는 것이 서예다. 나를 닮아 있는 글자의 무늬다. '나는 이런 사람이야'라고 생각의 틀에 스스로를 가두고 있거나, '나는 어떤 사람으로 보일까?' 하고 타인을 의식하는 내가 있었다. 나의 생각, 타인의 시선에서 벗어나 자유롭고 멋스럽게 살아가는 순간을 즐기고 싶다.

71. 여백의 공간, 자연을 닮다

한옥을 보면 둥근 서까래와 기둥으로 세운 공간은 자연을 거스르지 않고 어우러져 있다. 문은 공간의 통로이며, 문을 걸쇠에 걸어 올리면 산과 나무는 그대로 창이 된다. 문을 닫으면 사적인 방으로, 문을 열면 소통의 장으로 변모하는 것이다. 문은 공간을 나누는 역할뿐만 아니라 바람길을 열어주는 역할까지 한다.

뜨거운 햇살을 피해 마루 위에 잠깐 앉아보니 선풍기를 틀어놓은 듯 시원한 바람이 얼굴을 간지럽힌다. 계절마다 처마 끝에 일렁이는 햇살의 깊이가 다르다. 한낮의 태양은 처마를 비껴갈 수 없다. 뒤뜰에서는 청량한 댓잎 바람이 등을 시원하게 해주고, 앞뜰에는 배롱나무의 붉은 꽃잎이 여름의 끝자락을 붙잡고 뜨겁게 피어 있었다.

집의 공간과 쓰임은 붓글씨의 선과 공간을 보는 시선과 닮아 있다. 글씨에서 여백은 공간이다. 공간은 비어 있어야 가치를 지닌다. 획은 종이 위 공간을 나눈다. 한옥의 기둥 재료가 되는 나무는 직선인 듯 직선인 것이 없다. 반듯하지만 자로 그은 듯 인위적이지 않다. 자연스러운 선, 서예의 획은 자연을 닮아 있다. 가지 끝에 맺힌 꽃봉오리의 힘찬 기운은 땅을 딛고 선 발끝에서 시작해 붓을 잡은 손에서 붓끝으로 전달된다. 자연을 느끼고, 표현하고 싶은 마음이 글씨에 서려 있다.

전라북도 완주군에 자리한 아원고택은 방탄소년단(BTS) 촬영지로 알려져 많은 사람이 방문하기도 하지만, 산과 나무와 하늘을 거스르지 않는 한옥의 선이 아름다운 것도 방문해야 할 이유 중 하나다. 이곳을 찾는 사람들은 저마다 인생 사진을 찍기에 바쁘다. 하지만 한옥 마루에서 바라보는 정경, 중정에서 바라보는 산의 모습, 툇마루와 뒤뜰로 이어지는 마루에서 보이는 대나무, 한 층 올라간 마루 위에서 마주하는 바람은 누구나 느낄 수 있는 것이 아니다. 앉은 자리마다 각기 다른 풍경을 선사하는 한옥의 멋을 볼 수 있는 사람만 느낄 수 있다. 사진 찍기에 진심인 사람들의 가슴에 오랫동안 다시 꺼내 보고 싶은 여운이 남기를 바란다.

가슴에 남은 여운은 글로 쓰면 지워지지 않는다. 글을 쓰지 않앉다면 사진으로 인증만 하고 사라질 순간의 기록에 그쳤을 것이다. 하지만 눈으로 사진을 찍듯이 자세히 보고 느낀 감정은 사유를 통해 구체화되어 문자로 기록된다. 자연의 아름다움을 문자의 조형미로 표현하기 위해 한 획을 긋는 붓질은 느리다. 한 획을 긋는 행위 자체는 순간이지만, 획을 긋기 전까지의 감정과 문자의 조형을 디자인하는 과정은 지붕 아래 숨어 있는 도리처럼 드러나지 않는다.

우리 삶의 자취가 서려 있는 한옥, 이제는 찾아가야 볼 수 있는 집이다. 나에게 한옥은 어릴 적 할머니와의 추억이 깃든 집이다. 하지만 태어나면서부터 아파트나 빌라에서 살아가는 현세대에게 한옥은 한옥마을이나 민속촌, 고궁에 가야만 볼 수 있는 것이다. 그곳에서 감상하는 자연과의 조화와 아름다움은 세대를 불문하고 사진을 찍어 인증하고 싶은 매력을 느끼기에 충분하다. 서예로 사람들에게 이런 감정을 느끼게 할 수는 없을까. 자연을 만끽하며 언제 어디서든 붓을 잡고 글씨의 멋을 전하고 싶다.

글을 쓰고 붓을 들지 않았다면 자연을 천천히 음미하듯 볼 수 있는 여유가 없었을지 모른다. 한 번도 경험해보지 않은 한옥에 부모를 따라온 어린아이가 보였다. 아이는 시원한 마루에 누워 휴대폰 게임에 빠져 있었다. 소중한 우리 문화이지만 한 세대를 지나면 경험할 수 있는 기회마저 사라져버리는 것들이 아쉽다. 서예도 그렇다.

 한옥과 자연의 아름다움, 전통과 현대건축의 조화로움이 공존하는 곳이기에 사람들의 마음을 끌어당길 수 있다. 옛것을 고스란히 간직하면서도 고루하지 않고 현대와 조화를 이루는 것. 바로 나의 고민이며, 서예가 나아가야 할 방향이다.

72 담묵(淡墨)으로 담담하게 쌓아가는 하루

책을 읽다 잠이 들면 꿈속에서 좋은 아이디어가 떠오를 때가 있다. '아, 이걸로 글씨를 써보면 좋겠다!' 머리로 쓰는 상상의 글씨는 멋지다.

그래, 맞아. 위스망스의 소설 《살림》에 등장하는 멋진 친구 시프리앵의 말이 생각나는군. 가장 아름다운 그림은 침대에 누워 담배를 피우면서 머릿속으로 그려보는 그림이 아닐까? 절대로 그려본 적은 없는 상상의 그림 말이지.

_ 빈센트 반 고흐가 베르나르에게 쓴 편지 중에서

빈센트 반 고흐도 손이 생각을 따라가지 못함을 고백하고 있다. 위대한 화가들의 작품을 보며 좌절하기도 한다. 하지만 빈센트는 포기하지 않고 계속 그려야 한다고 말했다. "아무리 그래도 시작은 해야지. 말로는 다 표현할 수 없는 완벽한 아름다움, 인간을 압도하는 자연의 완벽한 아름다움 앞에서 아무리 무력감을 느낄지라도."

_ 정여울, 《빈센트 나의 빈센트》 중에서

시대를 불문하고 창작의 희열은 그냥 얻어지는 것이 아닌가 보다. 늘 그 자리에 머물러 있는 것 같다. 나만의 색을 찾아야 한다는 강박감은 꼬리처럼 따라붙었다. 완벽하게 완성해야만 한다는 생각에 시도하지도 못하는 바보가 된다. 손이 눈을 따라가지 못한다. 생각 속 이미지를 그리는 과정, 머릿속에 맴도는 생각을 구체화하는 과정을 계속 이어간다. 실패해도 손을 놓지 않으련다. 결국은 매일 긋는 획에서 0.1%의 창의력이 발휘된다.

각기 다른 농도의 붓질이 중첩되듯 켜켜이 내려앉은 하늘. 하루가 기울어간다. 뇌리를 스치던 생각이 붓질을 통해 표현되는 순간, 그 아찔한 순간을 느낀 적이 언제였는지 아득하다. 매일이 짜릿할 수 없다. 담묵(淡墨)으로 담담하게 하루를 쌓아가는 길이다.

가장 낮은 바다는 모든 봉우리를 품고 있다

느림

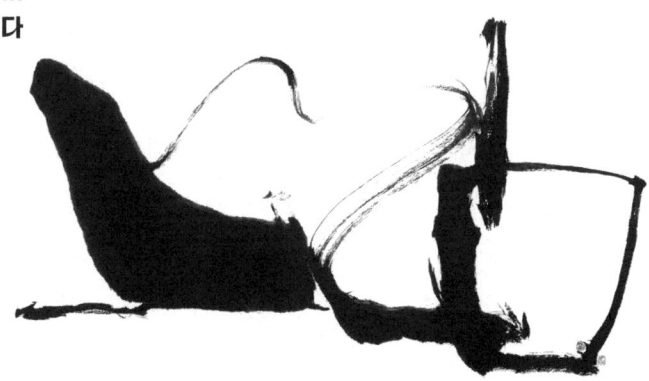

일상을 잠시 잊을 수 있는 것이 여행 아닐까. 3박 5일의 시간, 초침이 잠시 멈춘 시간의 틈을 지나 오늘 다시 삶의 공간에 앉아 있다. 시간과 공간의 틈을 지나가는 것이 여행의 즐거움이다.

땅을 찢는 굉음을 내며 하늘로 비상하는 비행기, 허공에 붕 뜬 느낌과 멍해진 귀에 침을 삼킨다. 창밖으로 점점 작아지는 산과 들, 점점이 찍혀 있는 집들이 아득해진다. 날개 끝에 맞닿은 구름 아래로 하늘과 바다가 펼쳐졌다. 운무가 가득한 바다, 솜사탕처럼 달콤한 파도가 보인다.

삶의 터전에서 보면 아옹다옹 다투는 게 전부인 것 같지만, 하늘의 시선으로 내려다본 세상은 높고 낮음도, 아름다운 산과 들, 쓰레기장까지 분별할 이유가 없다. 시선을 바꾸면 경계 없는 땅과 바다가 끝없이 이어진다. 그리고 그 속에 우리가 함께할 뿐이다.

현실에 묶인 발걸음의 한계, 위로는 하늘을 날고 싶은 꿈을 잡고 있다. 하늘과 땅을 이어주는 꿈의 실을 잡아본다. 팽팽하게, 하지만 끊어지지 않게 놓고 당기기를 가늠해본다. 하늘의 시선으로 바라보니 팽팽하게 당길 이유가 없다. '끝까지 놓지 않고 잡고 있으면 돼.' 바람이 불 때는 바람을 타고, 비가 올 때는 잠시 쉬어 가면 된다고 이야기해준다.

새벽에 글쓰기를 할 욕심에 가방에 넣은 노트북이 어깨를 짓누른다. 자고 있는 동생의 잠을 깨울까 봐 화장실로 들어갔지만 몇 글자 쓰지 못하고 나와 호텔 밖으로 나섰다. 호텔 앞 호수를 따라 조성된 산책길에 부지런히 운동을 하는 현지인과 뛰고 있는 외국인이 보였다. 목적지 없이 가벼운 걸음으로 걷다가 길 옆 화단을 보고 화들짝 놀랐다. 아이 주먹만 한 달팽이 무리가 풀잎에 까맣게 붙어 있었다. 신기한 마음에 가만히 앉아 움직임을 살펴보았다.

눈이 퇴화한 달팽이는 두 개의 긴 더듬이와 아래쪽 두 개의 짧은 더듬이로 길을 찾는다. 풀잎 위로 물결치듯 움직인다. 부채를 펄럭이며 춤을 추듯 천천히 풀잎을 감싼다. 진액으로 제 흔적을 남기며 자신의 길을 가는 달팽이. 천천히 걷는 걸음 덕에 달팽이를 만날 수 있었다. 잠시 내려놓자. 달팽이는 더듬이로 볼 수 없는 세상을 바람의 냄새로, 땅의 향기로 느낀다. 빠른 속도 때문에 놓치는 것들, 일상에서 느낄 수 없던 시선을 갖게 된 것이 이번 여행의 선물이다.

그늘에 앉아 쉬고 계신 부모님을 뒤로하고 뜨거운 햇살을 가르며 오른 전망대. 각기 다른 시선으로 보는 풍경의 멋이 있다. 탁 트인 시야 덕분에 높고 낮은 봉우리, 옅고 짙은 농담으로 거리를 가늠할 수 있었다. 봉우리에 둘러싸인 바다는 잔잔해서 엄마의 품처럼 아득한 느낌을 주었다. 카메라 셔터를 아무리 눌러도 비경을 담을 수 없어 마음으로 품어본다.

겹겹이 둘러싼 봉우리를 보며 수많은 봉우리 중 하나를 걷는 것이 인생이지 않을까 생각해본다. 봉우리 하나가 내 전부인 까닭에 높고 힘겨울 뿐이다. 올라서 보면 그저 다른 길로 이어지는 고갯마루에 불과할 수 있다. 높은 봉우리든 낮은 봉우리든 아랫부분은 바다와 닿아 있다. 오르고 또 오르지만 결국은 내려와 모든 봉우리를 품는 곳은 가장 낮은 바다다. 더 높이 또는 더 빠르게 오르기보다 주위를 둘러보는 여유를 가지고 지금 이 순간을 즐기고 싶다. 바다처럼 다 품을 수 있는 시선으로. 너른 마음으로 인생을 걸어가고 싶다.

먹 향을 나누다

마음껏 피어라

제6장 여백은 새로운 공간을 보는 시선

'보글보글, 뿌르르, 탁'. 주전자의 물이 서서히 끓어올라 100℃에 도달한다. 매일 아침 물을 끓이며 문득 내 마음의 온도를 끌어올리고 싶었다. 긴 시간 붓을 잡았으나 특별할 것 없는 작품만 남았지만 일상의 나를 부여잡은 시간이었다.

다른 사람들 앞에서 나의 생각을 정리해 말하는 것은 긴장되는 일이었다. 화면을 켜고 강연을 시작하기 전 틀어놓은 음악이 내 귀를 통과하지 않고 사라져간다. 준비는 했지만, 종이 위 글은 내 몸을 통과해 변형된 다른 언어로 나오고 있었다. '선을 넘기 위한 나의 이야기'에 공감해주는 청중 한 명 한 명은 혼자 오르는 한라산 등반길에서 "얼마 남지 않았으니 힘내요"라고 응원해주는 듯했다.

문득 영화 〈웡카〉에서 주인공 웡카의 어머니가 한 말이 떠오른다.

"이 세상 좋은 일은 모두 꿈에서 시작된다. 그러니 그 꿈을 잘 간직해보렴."

꿈은 내가 되고 싶은 것, 하고 싶은 것이지만 구름처럼 잡히지 않는 것이었다. 하지만 그 꿈으로부터 모든 것이 시작되었다. 어릴 적 어머니가 만들어준 초콜릿을 꺼낸 웡카는 그 안에서 어머니의 편지를 발견하고 읽는다.

"중요한 것은 초콜릿이 아니라, 그것을 사람들과 나누는 것이다."

웡카는 초콜릿을 누들은 물론이고 세탁소 일꾼들과 한 조각씩 나누어 먹는다. 초콜릿은 웡카의 꿈의 조각이었고, 누들과 세탁소 일꾼들은 그의 황당한 꿈을 믿어주고 함께 키워준 사람들이었다.

붓을 잡은 나와 만나는 시간. 그 시간에 몰입해 그 안의 나를 마주했다. 내가 경험한 시간을 함께 공감하고, 자신의 한계를 넘어 붓과 함께 세상으로 나아가고 싶은 내가 있었다. 마음껏 꽃피워보자. 함께 공감하는 시간은 다시 나에게 힘이 되어 돌아왔다.

온라인 수업을 시도하며 '서예에 대한 흥미와 관심을 이끌어 낼 수 있는 방법이 무엇일까' 고민하다 처음 서예를 경험하는 사람에게는 붓을 준비하는 것이 어렵겠다는 생각이 들었다. 붓 대신 붓펜으로 이름과 간단한 문장을 써보고, 손으로 쓴 글씨를 모바일 앱을 이용해 카드로 만들어보는 수업을 구성했다. 경험을 통해 붓을 잡고 싶은 마음이 우러나게 하는 것이 우선이었다.

줌을 통해 접속한 다양한 연령층의 사람들이 화면을 가득 채웠다. 긴장한 목소리로 수업을 시작했다. 붓펜의 사용법과 주의할 점부터 안내했다. 그 후 자음과 모음 쓰기로 선 긋기 연습을 하고 이름을 써보았다. 이름을 쓸 때 '정' 자가 잘 써지지 않는다는 이야기를 많이 했다. '정'을 쓴 분의 글자를 보니 '저'의 획이 모두 크고 붙어 있어 답답했고, 받침 'ㅇ'의 크기가 '저'보다 컸다. 글자를 쓸 때 크기를 모두 똑같이 쓰는 것보다 글자 안에서 강조하고 싶은 'ㅈ'을 크고 강하게 쓰면 나머지 획은 가볍게 쓰는 것이 보기 좋게 쓸 수 있는 방법이다. 직접 써 보이고 나니 이름이 훨씬 보기 좋게 써졌다는 피드백을 받아 흐뭇했다.

손이 붓펜에 적응할 즈음 문장 쓰기로 들어갔다. '세상에 그윽한 향기이고 싶어'라는 문장의 경우 세 글자의 단어가 이어지면서 글자 간의 조화와 균형이 필요하다. 한 글자씩 쓸 때는 괜찮지만 문장을 쓰고 나면 이상해 보이는 경우가 많다. 그것은 글자의 중심이 맞지 않아서다. 글자의 크기가 같지 않아도 문장의 중심축을 맞추어 쓰게 되면 안정적인 구조를 지니게 된다.

직접 쓰는 모습을 보여준 다음, 마지막으로 쓴 문장을 카메라로 찍어 앱으로 카드를 만들어보았다. 시연과 설명을 하느라 함께하는 분들의 모습을 자세히 볼 수 없다 보니 혼자만 떠들고 있는 것 같았다. 하지만 수업 후 올라온 글씨와 카드를 체크하며 예상외로 훨씬 잘 쓴 글씨를 보니 걱정으로 쭈글쭈글했던 마음이 다림질을 한 것처럼 펴졌다.

마지막으로 문자향과 함께 바닷가에서 붓을 잡은 영상을 보여주며 그때의 감상을 쓴 글 한 꼭지를 낭독했다. "서예가 이렇게 멋지군요. 붓을 잡아보고 싶어요." 채팅 창에 올라온 글은 내 마음을 꽃피우기에 충분했다. 붓은 아니지만 붓펜을 함께 잡은 수업은 문자의 향기를 머금은 시간이었다.

나를 꽃피우는 것, 어떻게 해야 하는 것일까? 우선 재능이라는 씨앗을 부단히 키운다. 그리고 재능의 씨앗에서 난 싹을 나누면서 마음과 꿈을 펼친다. 마음을 전하면서 꿈도 전한다. 꿈은 작은 씨앗에서 시작해 세상을 향해 뻗어나가는 큰 나무와 같은 것이다. 꿈은 나누면서 만개하고, 그 세상은 향기로 가득해진다.

75
향기는 소리 없이 공간을 채운다

늘 같은 시간에 산책을 나갔다. 호수 근처 나무 덱 주변에 서 있는 사람들이 평소보다 많아 보였다. 가족 단위로 나와 손에 휴대폰을 들고 해를 바라보고 있었다.

오늘은 새해 첫날이다. 새해 새 마음으로 떠오르는 해를 보며 무언가를 다짐하는 얼굴들이다. 매일 떠오르는 해이지만, 새해 첫날이라는 의미를 부여하는 순간 같은 태양이 아니다. 이 순간이 다시 오지 않을 마지막 기회라는 생각으로 삶의 모든 일을 마주한다면 소중하고 감사할 수 있을 것이다.

사람들을 뒤로하고 나무 덱을 지나 달렸다. 산책길 왼편으로 떠오른 해가 비쳐 눈이 부셨다. 고개를 숙이자 달리는 발끝에 따라오는 햇살을 발견했다. 달릴수록 속력을 내는 너와 내가 함께 달리다가 멈춘 자리에서 나를 바라본다.

어릴 적 집 앞 골목길 가로등 아래서

서로의 그림자를 먼저 밟는 사람이 이기는 그림자밟기 놀이를 하고 있었다. 그림자는 나를 늘 따라다녔지만 자아를 망각한 존재로, 빛을 가린 나 자신의 투영이었다. 바라보지 못했던 나를 돌아보기 시작했다. 나아가는 내가 없다면 따라오는 태양도 없었다. 멈춘 발걸음이 다시 한 발을 내딛는 순간, 햇살은 다시 찬란하게 비칠 것이다.

붓을 잡은 지 오래되었지만, 혼자만의 취미로 멈춰 있는 것 같아 답답했다. 돌아보니 나를 넘어 세상으로 한발 나아가고 싶은 내가 있었다. 변화를 위한 도전은 나를 넘어서는 일이 그 시작이었다. 수많은 카페와 숲, 산, 바다 등 자연 속에서 문자향과 함께한 시간들. 그리고 그 시간 속에서 나를 넘어선 도전은 문자의 향기로 기억될 것이다. 향기는 소리 없이 공간을 물들일 수 있다. 다만 내가 그 향기에 흠뻑 젖은 후에야 타인의 공간으로 스며들 수 있을 뿐이다.

한발 나아간 도전은 나를 바라볼 수 있는 여유를 주었다. 새로운 시선으로 자연을 바라볼 수 있는 눈을 갖게 되었다. 쓱 둘러보고 지나치는 게 아니라, 삶을 관망하면서 해가 지고 뜨는 일상의 틈새에 멈추어 나를 자세히 들여다볼 수 있었다. 내 삶에 빛나는 태양으로 서 있을 때 그 빛은 향기로 세상에 물들어갈 것이다.

76 인생의 가치, 나로 살아가는 현재가 최고의 순간

하루의 휴가를 얻었다. 일분일초의 시간도 허투루 쓰고 싶지 않은 마음이 컸다. 최인아 작가의 영화 추천 글을 우연히 읽고 영화를 보러 가기로 결정했다. 상영관을 검색해보니 〈리빙: 어떤 인생〉은 독립영화관에서만 상영하고 있었다.

깔끔한 양복 차림에 중절모를 눌러쓴 나이 든 신사가 기차에서 내리고, 시간을 확인한다. 매일 같은 시간에 런던 시청으로 출근하는 공무원 윌리엄스다. 이른 퇴근을 한 그가 들어간 곳은 병원이고, 그는 자신에게 남은 시간이 많지 않다는 것을 알게 된다.

다음날 그는 아무런 통보도 없이 매일 출근하던 직장을 벗어나 바닷가 레스토랑에 앉아 있다. 무엇을 해야 할지 모르겠다는 말에 동석한 작가는 그를 술과 노래를 즐길 수 있는 곳으로 안내한다. 하지만 순간의 즐거움은 거품처럼 사라지고 허탈감이 그를 덮친다.

그 후 길을 걷다가 옛 부하 직원이었던 마거릿을 우연히 만나고, 그녀에게 추천서를 써주기 위해 고급 레스토랑에서 함께 식사를 하게 된다. 마거릿은 그에게 '미스터 좀비'라는 별명을 지어주었던 지난 이야기를 털어놓고, 윌리엄스는 살아 있어도 죽은 것 같다는 그녀의 말을 듣고 삶의 마지막을 의미 있게 보내기로 마음먹는다. 이 대목에서 나는 "오늘 죽음을 마주하더라도 후회하지 않는 삶을 살고 있는가?"라고 스스로 묻게 되었다.

'미스터 좀비'와 '미스 좀비'로 살려는 사람은 없겠지만, 보이지 않는 사회적 굴레 속에서 살아오던 방식대로, 전에도 그랬으니까, 스스로 왜 그래야 하는지 묻는 질문은 생략한 채 그냥 살아가는 것이 좀비이지 않을까 생각해본다.

무단결근을 하던 윌리엄스는 자신이 해결해야 할 서류를 떠올리고 다시 직장에 출근하고, 비가 억수로 쏟아지는 어느 날 놀이터로 향한다. 전과 다른 그의 단호한 모습에 직장 동료들은 놀라면서도 반박하지 못하고 따라간다. 놀이터 신축에 필요한 절차를 밟으며 관료주의적 제도에 수긍하지 않고 자신이 할 수 있는 방법을 찾아 온 힘을 쏟는 윌리엄스의 모습에서 내가 오버랩되는 것을 느꼈다.

기차 한 칸, 차창을 스쳐가는 풍경은 봄, 여름, 가을을 지나 겨울에 들어섰다. 한 번 스치고 지나가버리는 것이 인생이다. 기차 한 칸에 나와 함께 탈 사람들은 고정돼 있기도 하고, 역에 정차할 때마다 새로 타고 내리는 승객들처럼 새로운 사람들을 만나게 된다. 차창으로 마주한 나의 오늘은 한 번뿐이다. 다만 분명한 것은 예정일을 알 수는 없지만 언젠가는 내리게 될 '죽음'이라는 종착역이 있다는 사실이다.

인간에게 주어진 시간이 유한하다는 것을 알고 있지만, 유한한 시간을 직시하며 절실함을 느끼지는 못한다. 결혼이라는 울타리 안에서 생각과 삶의 방식은 닮아가고, 스스로 새로운 서사를 쓰지 않는 삶에 지친 나는 점점 시들어 '미스 좀비'가 되어가고 있었다. 영화에서 윌리엄스는 남은 삶을 의미 있게 보내기로 결심하고 자신의 일을 지금까지와는 전혀 다른 방식으로 접근한다. 그런 그의 태도와 감정에서 나를 마주했다.

그 후로 매일 맞는 아침이 찬란하게 다가왔다. 지금까지 해오던 서예를 다른 시선으로 바라보게 해주는 문자향을 가지고 밖으로 나갈 수 있었고, 자연이 주는 영감과 새로운 공간이 주는 설렘을 느끼며 즐길 수 있었다. 그냥 해오던 나의 일과 서예가 주체적 관점으로 바뀌었고, 이러한 변화는 삶을 바라보는 태도까지 바꿔주었다. 붓을 잡고 있을 때 나로 존재함은 글과 문자로 표현되며, 함께 공감하는 대상을 만날 때의 설렘은 내가 살아 있음을 느끼게 했다.

내가 생각하는 인생의 가치는 부자가 된다거나 성공하는 삶처럼 거창한 것이 아니다. 내가 서 있는 자리에서 나로 존재하며, 내가 가진 것으로써 창조적인 삶을 주체적으로 만들어가는 과정이 타인에게도 도움을 줄 수 있다면 최고의 인생이지 않을까.

77 다시 봄, 연애세포를 깨워라

봄

일주일에 한 번씩 달리는 산책길은 계절의 변화를 코끝으로 느낄 수 있는 공간이다. 밖으로 나오자 가로등에 비친 바닥이 촉촉해 보였다. '어, 비가 오네?' 순간 그냥 들어갈까 생각했지만, 보슬보슬 내리는 비에 모자를 푹 눌러쓰고 발걸음을 옮겼다. 아직 어둠이 가시지 않은 길을 달리는데, 일주일 전만 해도 잔디 위에 하얀 쌀가루를 뿌려놓은 듯 반짝이던 서리가 보이지 않았다. 귓가를 간질간질 스치는 바람과 코끝에 떨어지는 빗방울은 봄의 향기를 실어왔다.

포근한 공기를 느끼며 가볍게 발걸음을 내디딘다. 점점 가빠지는 숨소리와 빨라지는 심장박동이 발끝까지 내 몸의 감각을 살아나게 한다. 달리기를 시작한 이후로 내 심장이 뛰는 소리를 듣는 일이 꽤 즐겁게 느껴진다. 살아 있음을 감각하는 순간이다. 아무 생각 없이 왼발과 오른발을 번갈아 내딛는 사이 불현듯 '나를 가슴 뛰게 했던 일이 언제였지?'라는 생각이 머릿속을 스쳤다.

마음은 있는데 아직 표현하지 못한 사이, 서로를 탐색하며 심장이 뛰는 쫄깃한 감정을 느끼던 순간을 떠올려보자. 누군가를 사랑했던 감정의 세포를 기억해 다시 살아나게 하는 것이다. 설렘의 세포를 깨우는 것은 사랑의 감정이지만, 나를 행복하게 하는 모든 것이 나의 연애 세포를 깨웠다. 운동과 달리기는 내 심장을 뛰게 했고, 문자향과 함께 붉은 노을을 바라보는 순간은 내 가슴을 벅차오르게 했다. 글쓰기와 읽기는 나의 무지와 어려움을 체감하며 필요한 책을 뒤적이게 했다. 강의를 들으며 생각과 언어를 짝짓는 과정은 고통이면서 동시에 적절한 연결점을 찾을 때의 짜릿함으로 나를 충만하게 했다.

몸이 느끼는 짜릿함은 붓을 잡고 문자의 선으로 태어난다. 메마른 흙은 봄비에 촉촉이 젖어 부풀어 오른 가슴을 뿌리에서 나뭇가지로, 가지 끝 꽃망울로 피워낼 것이다. 봄이다. 내가 피워낼 한 송이 꽃을 '봄'이라고 써본다.

우연히 만난 설렘으로 다가왔습니다.
잊지 않고 마른 가지 끝에 맺힌 꽃봉오리
나와 너의 봄.

가슴을 설레게 하는 것이 있을 때와 없을 때, 일상에서 마주하는 사소한 일이 전과는 다르게 다가온다. 눈이 오면 출근길 걱정부터 하는 사람이 있는 반면, 좋아서 꼬리를 흔드는 강아지처럼 신나게 눈 맞으러 밖으로 뛰쳐나가는 사람도 있지 않은가. 비가 오면 하염없이 창가에 부딪치는 빗소리를 듣는 일도 행복한 일이다. 따뜻한 햇살에 빨래를 널듯 등을 펴고 달려본다. 그냥 좋은 지금, 마주치는 모든 것이 나를 깨운다.

사소한 일상의 설렘은 붓에서 종이 위 문자로 펼쳐진다. 붓을 다시 잡게 해주는 힘이 된다.

78 속도를 내기보다 끝까지 걸을 뿐이다

서울행 고속버스를 예매하고 평소보다 이른 새벽에 눈을 떴다. 집에서 터미널까지 거리가 멀어 10분 거리에 있는 임시 터미널로 향했다. 어둠이 가시지 않은 시간, 택시를 잡아타고 터미널에 내렸다. 무인 티켓 발권기가 있는 휴게소는 오픈 시간이 되지 않아 문이 잠겨 있었다.

여기서부터가 잘못이었다. 내가 가야 할 곳은 고속버스 터미널이었지만, 택시 기사가 내려준 곳은 거기서 10m 떨어진 시외버스 터미널이었다. 깜깜한 어둠에 가려 승강장 위쪽에 있는 시외버스 터미널 팻말을 보지 못한 것이다.

공기가 차가워 무인 티켓 발권기가 있는 휴게소에 앉아 '이상하다. 시간이 다 됐는데 왜 차가 안 오지?' 생각하며 밖으로 나왔다. 터미널 10m 앞쪽에 정차해 있는 버스에 새겨진 중앙고속이라는 이름이 낯익었다. '어? 내가 예매한 고속버스인 것 같은데.' 짐을 들고 달려갔지만, 버스는 곧바로 출발해 어둠 속으로 사라져갔다. 앞으로 달려가 보니 고속버스 승강장이란 걸 직감했다.

휴대폰에서 버스 예매 앱을 열고 버스 시간표를 확인했다. 다행히 15분 뒤 출발하는 고속버스에 한 자리가 남아 있었다. 예매하려고 하는데 시간이 임박해 현장 발권만 가능하다는 메시지가 떴다. 머리를 벽에 부딪힌 듯 멍해졌다.

주변을 돌아보니 무인 티켓 발권기가 눈에 들어왔다. 도착지를 입력하고 한 자리를 예매하는 손이 파르르 떨렸다. 표를 꼭 쥐고 뛰어나왔지만 오전 5시 55분 버스는 보이지 않았다. 버스를 기다리는 사람이 있기에 "혹시 출발한 버스 있었나요?" 하고 물었다. "아니요, 없었어요." 그제야 가슴을 쓸어내리고 놓친 버스 티켓을 환불한 뒤 한숨을 쉬었다.

15분이 한 시간으로 느껴질 만큼 긴장된 순간이 지나고, 드디어 버스에 올랐다. 좌석에 엉덩이를 깊숙이 넣고 몸을 기댔다. 서울 고속버스 터미널에 도착한 후, 초행길이다 보니 휴대폰 지도 검색과 지하철 노선 안내 표지를 확인하느라 눈과 발이 바쁘게 움직였다. 다행히 행선지 쪽 출구로 나와 약속한 시간에 도착할 수 있었다.

늦었다고 생각한 순간, 한 발을 내딛는 것이 중요하지 속도는 문제가 되지 않았다. 앞서가는 사람, 잘하는 사람을 보면서 '지금 시작해서 되겠어? 나는 이미 늦은 것 같아'라는 생각으로 해보지도 않고 미리 포기해버리곤 했다. 늦게 출발해도 멈추지 않는다면 도착할 수 있었다. 오늘 버스를 놓치고 안절부절못할 필요가 있었을까. 허둥대던 내가 떠오르자 실없는 웃음이 났다. '조금 늦으면 어때. 지금 출발할 수 있잖아.'

붓을 잡다 보면 오늘처럼 놓칠까 봐, 뒤처질까 봐 안절부절못하는 내가 있다. 선생님의 글을 볼 때, 서예가로서 한 획을 그은 대가들의 전시를 볼 때면 한발 앞서 출발한 버스를 잡으려고 쫓아가는 느낌이다. 한 분야에 이름을 남기는 것은 뛰어난 실력과 재능이 있기 때문만은 아닐 것이다. 지겹고 힘든 순간들을 멈추지 않고, 포기하지 않고 끝까지 걸어간 인내의 시간이 남긴 발자국이 아닐까.

79 나를 내려놓으면 보이는 것들

이른 새벽 서울행 고속버스에 몸을 싣고 서울에 도착하자마자 프로필 사진을 찍기 위해 사진 스튜디오로 향했다.

촬영 전 메이크업을 하기 위해 의자에 앉았다. 기초화장을 하고 얼굴의 피부 톤을 균일하게 맞추기 위해 톤이 다른 베이스 컬러를 섞었다. 스펀지 팁으로 가볍게 두드리며 피부 위에 여러 겹 덧발랐다. 평소 한 가지 베이스를 사면 너무 밝거나 어두워 피부 톤에 맞지 않는 경우가 있었는데, 이렇게 내 피부색에 딱 맞게 섞어 사용하면 좋을 것 같다.

다음으로 얼굴의 인상을 좌우하는 눈 화장에 들어갔다. 눈꺼풀 위에 자연스러운 음영을 주고, 눈매를 따라 꼼꼼하게 라인을 그렸다. 눈을 떴을 때 겹치는 쌍꺼풀을 따라 검은색 젤을 채워 바르자 뚜렷하고 커진 눈동자가 다른 인상을 주었다. 색조 메이크업은 거의 하지 않았지만, 화장하는 시간의 반을 눈 화장에 할애할 만큼 세심한 손길이 더해지자 전혀 다른 사람으로 바뀌어갔다.

메이크업 후 옷을 갈아입고 어색한 포즈로 섰다. 나를 찍는 일은 늘 어색하고, 쉽지 않다. 자연스러운 표정이 좋다는 걸 알지만, 카메라를 드는 순간 얼굴이 굳어지고 손을 어디에 두어야 할지 몰라 헤맨다. 스튜디오 촬영을 예약할 때 원피스보다는 주머니가 있는 바지를 준비해오면 좋다는 사진작가의 말이 이해되었다.

처음엔 얼굴의 왼쪽과 오른쪽을 번갈아 찍어보며 어느 쪽 얼굴이 마음에 드는지 테스트한 후 촬영에 본격적으로 돌입했다. 사진을 찍기 전 다양한 포즈와 시선 처리 방법에 대해 간단한 조언을 들었지만, 막상 촬영이 시작되자 얼굴 근육이 경직되며 입꼬리가 엉거주춤 멈췄다.

"여기 보는 사람 아무도 없어요. 내가 최고로 예쁘다는 생각으로 자신감 있게 해보세요."

"네."

대답은 했지만 마음과 달리 몸과 얼굴은 여전히 어색했다.

"피곤하세요? 아침 식사 하셨어요?"

사실 아침 일찍 출발하느라 버스 안에서 바나나 하나로 허기를 달랜 데다 사진 찍느라 배고픈지도 몰랐지만 피곤한 기색을 감출 수는 없었다. 작가는 사탕 바구니를 내밀며 붓글씨 쓰는 자세로 바꾸어 찍어보자고 제안했다.

문자향을 펼치고 붓을 잡았다. 붓을 잡는 것은 나에게 자연스러운 일상이기에 편안하게 써보라고 했다. 긴장이 풀리며 어깨가 내려갔다.

"어깨에 힘을 빼볼까요?"

카메라를 응시하며 긴장한 탓에 다시 몸에 힘이 들어갔다. 글을 쓸 때 어깨에서 손목까지 힘을 빼는 것과 같다. 팔과 손목에 힘이 들어가면 선에 리듬감이 사라진다. 호흡이 가슴에서 배꼽으로 내려가면 어깨에 힘이 빠지고 붓을 잡은 손목도 자연스러워진다.

붓끝을 종이 위에 세운다. 붓끝이 모아지면 몸은 하나이지만 칼날에 등과 날이 있듯 붓털도 등과 날로 나뉜다. 접고 펴지며 생기는 붓털의 탄력을 이용하면 자연스럽고 생동감 있는 선을 표현할 수 있다.

나무를 살펴보면 직선인 듯 직선이 없다. 곧게 뻗은 가지 끝도 하늘을 향해 자연스러운 곡선을 그린다. 선의 표현은 자연의 선을 담아내는 것이다. 내 힘으로 선을 긋는 것이 아니라, 붓의 탄력을 이용해 자연스럽게 선을 긋는다.

의자에 앉아 문자향을 펼치고 붓을 잡은 손은 턱을 받치고 무엇을 쓸까 생각한다. 의도가 담겨 있는 자세이지만 붓을 잡은 평소 나의 모습을 떠올리자 몸이 자연스러워졌다. 촬영을 진행하면서 올라간 어깨가 내려오고, 경직된 얼굴 근육도 풀린 것 같았다.

생각해보니 잘하려고 하면 나도 모르게 힘이 들어간다. 글을 쓸 때도 잘 쓰려는 욕심이 과하면 필요 없는 단어들이 더해졌다. 수영을 할 때도 몸에 힘만 주고 앞으로 나아가지 못하는 내가 있었다. 붓을 잡을 때도 마찬가지였다. 잘 쓰려는 나를 내려놓는 것이 힘을 빼는 과정이다.

제 7 장

서예, 누구나 시작할 수 있는 법

1	캘리그라피와 서예	다양성을 수용하고 나만의 차별성을 만들자
2	서예 도구와 사용법	2-1. 문방사우, 붓·종이·먹·벼루
		2-2. 서예의 기초
		2-3. 문자향
3	선 긋기	3-1. 기초 선 긋기
		3-2. 다양한 선 긋기
4	판본체(版本體)	4-1. 자음 쓰기
		4-2. 모음 쓰기
		4-3. 단어 쓰기
		4-4. 글자의 표정 만들기
5	내가 쓴 글씨로 만든 엽서, 청첩장, 초대장	캔바·감성공장툴을 이용한 모바일 엽서 & 초대장 만들기

캘리그라피와 서예

1

'캘리그라피(Calligraphy)'의 사전적 의미는 글씨나 글자를 아름답게 쓰는 기술로, 좁게는 '서예(書藝)'를 이르고 넓게는 활자 이외의 모든 '서체(書體)'를 말한다. 캘리그라피는 그리스어로 아름다움을 뜻하는 '칼로스(Kallos)'와 쓰기를 뜻하는 '그라피(Graphy)', 두 단어를 합성한 '칼리그라피아(Kalligraphia)'라는 말에서 나왔다. 즉 '아름답게 쓰는 글씨' 또는 '아름다운 글씨'를 말한다. 캘리그라피가 손 글씨를 포함해 붓이나 다른 도구를 사용해 쓰는 글씨를 말한다면, 서예는 붓을 사용해 글씨를 표현하는 것이다.

전통적 서예 수요는 줄어드는 반면 캘리그라피에 대한 관심과 수요는 점점 증가하고 있다. 한국서예협회가 주최하는 공모전에 캘리그라피 부문이 신설되고, 캘리그라피 관련 공모전이 많아지는 걸 보면 수요가 늘고 있음을 알 수 있다. 그 이유를 생각해보면 첫째, 캘리그라피는 붓이나 붓펜 등 다양한 필기구를 사용한다는 편리함이 있다. 둘째, 손 글씨를 쓰듯 자신의 필체를 살려 쓰기 좋다. 셋째, 그림과 색을 사용해 글씨의 부족한 점을 채울 수 있다.

입문이 쉬운 붓펜이나 펜을 사용하는 것은 선의 느낌을 표현하는 데 한계가 있다. 붓만큼 선의 느낌을 다양하게 표현할 수 있는 도구는 없다. 부드러운 붓털을 생각대로 표현할 수 있도록 익숙해지려면 시간이 필요하지만, 손에 익으면 느낌이 다른 선을 표현할 수 있는 장점이 있다.

서예에 디자인적 요소가 결합한 캘리그라피는 영화나 드라마의 타이틀, 상품 로고, 책 표지 등에 사용되면서 사람들의 관심을 끌었다. 이런 이유가 서예보다 캘리그라피에 관심을 갖게 한 요인이라 생각된다.

전통적 서예에서 쉽게 접할 수 있는 구양순체나 왕희지의 '난정서(蘭亭序)'를 한자로 써서 지하철 벽면에 전시해놓았다고 가정해보자. 발걸음을 멈출 사람이 몇 명이나 있을까? 읽으려고 시도하는 사람을 찾기도 쉽지 않을 것이다. '서예가 사람들에게 친숙하게 다가갈 수 있는 방법은 무엇일까?'라는 고민이 이 책을 쓰게 된 계기다.

모바일에서 우리는 인식하지 않지만 수많은 텍스트를 보게 된다. 그중에 우리의 시선을 끄는 것은 문자의 글꼴을 인쇄한 타이포그래피가 아니라 직접 쓴 손 글씨다. 그래서일까. 요즘 TV 예능 프로그램의 영상 속에서 손 글씨를 쉽게 볼 수 있다.

서예와 캘리그라피를 나누기보다는 붓을 사용하는 서예의 장점에 캘리그라피의 디자인적 요소를 더한다면 다양한 분야로의 발전 가능성은 물론이고, 취미의 확대까지 기대할 수 있을 것이다.

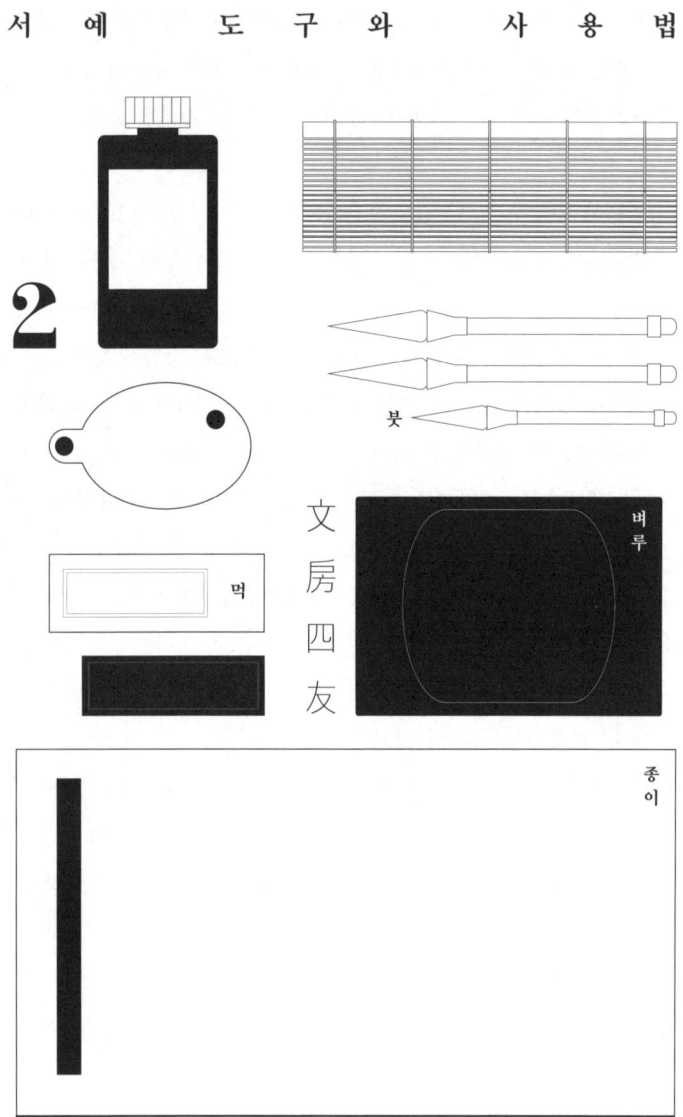

문방사우, 붓·종이·먹·벼루

서예에서 기본적인 재료는 붓, 종이, 먹, 벼루다. 이를 문방사우(文房四友)라고 한다.

◎ 붓

붓은 동물의 털을 사용하는데, 현재 가장 많이 사용되는 것은 양의 털을 사용한 양호필(羊毫筆)이다. 그 외에 족제비·노루·말·돼지·닭 등의 털을 사용하며, 대나무나 칡을 사용한 붓도 있다.

붓은 입문자의 경우 크거나 작은 붓보다 중간 크기로 지름 10~15mm의 붓을 사용하는 것이 좋다. 처음에 작은 붓을 사용하게 되면 필요에 따라 큰 붓을 사용하는 것이 힘들지만, 큰 붓을 손에 익히면 작은 붓은 쉽게 사용할 수 있다.

붓을 처음 구매할 때는 전문 서예용품점을 방문해 직접 잡아보고 사는 것이 가장 좋지만, 온라인 구매가 편리한 요즘은 서예용품 전문 사이트를 이용하는 것도 무방하다. 다만 붓을 구입할 때는 상세 페이지에서 붓의 지름과 호별 길이를 확인하고 구입하는 것을 추천한다.

겸호필은 두 가지 이상의 털을 섞어 적당한 탄력이 있기에 초보자가 사용하기 쉬우며, 가격 면에서 저렴한 것이 장점이다.

붓을 처음 구매한다면 붓털에 식물성 풀을 먹여 딱딱하게 굳어 있는 것을 볼 수 있다. 이는 붓털이 손상되는 것을 막기 위한 것으로, 먼저 손으로 살살 눌러가며 풀어준 다음 물에 담가 풀기를 제거하고 사용하면 된다.

◎ 종이

종이를 사용하기 이전 시대에는 대나무나 나무에 기록한 죽간 또는 목간의 형태로 남아 있었다. 그래서 '책(冊)' 자는 죽간을 가죽끈으로 묶은 모습을 본뜬 글자다. 서예 종이라고 하면 보통은 한지를 떠올리는데, 한지도 서예에 좋은 재료이긴 하다. 하지만 먹의 번짐이 적어 주로 화선지를 사용한다.

화선지를 처음 구입할 때는 작품지보다 연습지를 구입해서 사용하면 된다. 다양한 종이를 사용해보고 나에게 맞는 종이를 찾는 것이 중요하다. 종이를 구입해 보관할 때는 직사광선을 피하고, 습도 조절을 위해 비닐에 싸서 보관하면 된다. 상온에 방치하면 종이가 말라 먹의 번짐이 없어진다.

종이를 만져보면 한쪽 면은 매끄럽고, 반대쪽 면은 거친 느낌이 있다. 보통은 매끄러운 앞면에 글씨를 쓰지만, 개인적으로 거친 느낌을 좋아해 뒷면을 사용한다.

◎ 먹과 벼루

먹은 서예의 본색을 드러내는 도구다. 벼루 위에서 물과 섞이며 자신의 색을 드러낸다. 검지만 먹이 가진 고유한 검은색으로, '검다'라고만 단정 지을 수 없는 색을 띤다. 먹은 원래 소나무의 그을음에 민어 부레에서 얻은 아교를 섞어 만들었다. 하지만 요즘은 대량생산을 위해 석유 화학제품인 카본에 아교 성분을 지닌 젤라틴을 혼합해 만든다. 현재는 먹을 갈아서 쓰기보다는 시판용 먹물을 사용하는 비중이 크다.

벼루는 먹을 가는 도구다. 직사각형부터 타원형, 원형까지 다양한 모양이 있다. 벼루 덮개에 장식을 새겨 화려하게 장식한 벼루도 보인다. 하지만 디자인이 심플한 것이 쓰기에 편리하다. 벼루는 먹물을 담아놓고 쉽게 마르지 않는 것이 좋은 것이다. 우리나라에서는 남포석 또는 자석으로 만든 벼루가 많이 사용되었다. 현재는 중국에서 수입하는 단계연, 흡주연 등이 많이 유통되고 있다. 필자는 장수 녹반석으로 만든 벼루를 사용하고 있다. 벼루에 남은 먹물이 말라붙어 찌꺼기가 생기면 붓에도 묻기 때문에 먹물을 남겨놓지 않는 것이 좋다. 주기적으로 깨끗하게 세척해서 관리하는 것을 추천한다.

◎ 기타

서진은 종이가 움직이지 않게 고정해주는 역할을 하며, 모포는 화선지에 흡수된 먹물이 묻어나는 것을 방지한다. 신문지를 깔고 쓰는 입문자도 있는데, 신문지는 화선지에 자연스럽게 번지는 먹을 빨아들여 좋지 않다.

서예의 기초

◎ 붓 잡는 법

붓은 단구법(單鉤法)과 쌍구법(雙鉤法)을 사용해 잡는다. 단구법은 엄지와 검지를 갈고리 모양으로 서로 마주 보게 붓대를 잡고, 나머지 손가락은 안쪽에서 붓대를 받쳐준다. 쌍구법은 엄지와 검지 그리고 중지가 서로 마주 보게 붓대를 잡고, 약지와 소지는 붓대를 뒤에서 지지해 잡는다.

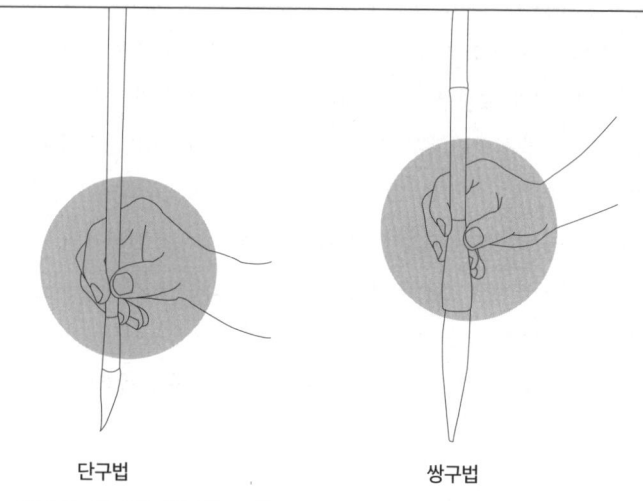

단구법   쌍구법

이때 붓을 잡은 손가락 안에 작은 공을 잡고 있듯이 공간을 유지하며 쓰는 것을 잊지 않는다.

단구법은 작은 붓을 사용할 때, 쌍구법은 큰 붓을 사용할 때 힘을 조절하기가 편리하다. 따라서 작은 글씨를 쓸 때는 단구법으로 붓을 잡고, 중간 크기나 큰 글씨를 쓸 때는 쌍구법을 사용한다.

붓을 잡고 글씨를 쓸 때 손과 팔을 어떻게 하는지 알아보자. 첫째로 팔을 들고 쓰는 법, 둘째로 팔꿈치를 대고 쓰는 법, 셋째로 손목을 받치고 쓰는 법이 있다.

첫째, 팔을 들고 쓰는 법은 큰 글씨를 쓰기에 적합하다. 팔의 움직임이 커서 힘차고 자유로운 획을 표현할 수 있다. 하지만 입문자는 붓이 손에 익숙할 때까지 시간이 필요하다.

둘째, 팔꿈치를 대고 쓰는 법은 팔이 붓을 지지하기 때문에 안정적으로 쓸 수 있다. 하지만 팔의 움직임이 작아서 중간 크기의 글씨를 쓰기에 적합하다.

셋째, 손목을 받치고 쓰는 법은 작은 글씨를 쓸 때 사용한다. 왼 손등 위에 오른 손목을 대고 쓰는 방법이다. 세밀하고 예리한 획을 구사할 수 있다.

다음으로 붓을 잡고 팔을 움직여 획을 긋는 붓의 운용법인 운필법을 알아보자. 획의 굵고 가늚, 속도의 완급(緩急), 먹의 농담(濃淡)을 조절하는 것은 붓을 움직이는 방법에 따라 나온다.

처음 붓을 움직일 때는 붓끝을 반대로 접어 뾰족한 붓끝이 드러나지 않게 지면에 내린다. 이것을 '역입(逆入)'이라고 한다. 역입을 하는 이유는 부드러운 붓끝에 탄력을 주어 힘찬 선의 질을 표현할 수 있기 때문이다. 붓끝이 그대로 지면에 닿으면 처음은 뾰족하고 가는 선에서 시작해 점차 두꺼워지는 획이 그어진다. 하지만 역입을 하면 처음부터 끝까지 균등한 선을 표현할 수 있다.

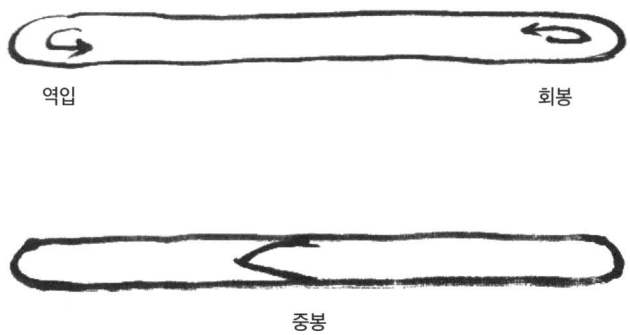

2-3 문자향

'글씨를 쓸 때 도구를 준비하는 불편함을 해소하고, 어디서든 붓을 잡고 쓸 수 있는 편리함을 위한 것이 없을까?'라는 생각에서 출발해 만든 것이 문자향이다.

나무 상자를 열어 펼치면 작은 책상이 된다. 선반 위에 종이를 올리고 글씨를 쓸 수 있다. 선반 아래쪽에는 벼루와 붓, 먹물을 수납할 수 있는 공간이 있다. 책상으로 쓸 수 있는 선반 위에 종이를 보관할 수 있다.

삼각대를 고정하면 야외에서 쓸 수 있는 책상이 된다. 어디서든 글씨를 쓸 수 있다는 것과 상자 안에 필요한 물건을 한꺼번에 수납할 수 있는 편리함이 장점이다. 문자향이 준비되었다면 붓을 잡고 시작해보자.

선 긋기

3

글씨를 쓰기 전 손에 익혀야 할 것은 선 긋기 연습이다. 붓을 잡고 선을 그어보면서 붓을 움직이는 방법을 연습하는 것이다. 붓과 먹물의 농도, 종이에서 번지는 정도 등을 글씨를 써보면서 체득하는 것이다.

기초 선 긋기 연습에서 첫 단계는 가로획과 세로획 긋기다. 먼저 붓에 먹물을 끝까지 충분히 적신 뒤 벼루나 접시 모서리를 이용해 먹물의 양을 조절한다. 이때 주의할 점은 먹물을 끝까지 다 빼는 것이 아니라 붓의 중간 정도부터 빼는 것이다. 그래야 먹물을 적당히 머금은 정도가 된다.

붓을 세워 잡았을 때 먹물이 뚝뚝 떨어진다면 먹물의 양이 많은 것이다. 하지만 먹물의 양이 너무 적어도 한 획을 쓰고 갈필(渴筆)이 나오며, 아예 써지지 않는다면 먹물의 양이 부족한 것이다. 글씨를 쓸 때 붓에 먹물을 어느 정도 묻히는 것이 좋은지는 붓의 크기와 쓰는 방법에 따라 다르므로 자신에게 맞는 운필법을 찾아나가면 된다. 다만 한 글자를 쓸 때마다 붓에 먹물을 묻힐 필요는 없다. 그러면 글씨에 강약이 없어진다.

이제 잡은 붓을 종이 위로 내려 본격적으로 선 긋기를 할 차례다. 처음에는 역입으로 시작한다. 그리고 붓이 지면 위를 지나갈 때 붓끝이 획의 중앙을 지나야 하는데, 이를 '중봉(中鋒)'이라 한다. 역입과 중봉을 지키며 획을 그어본다. 선 긋기 마지막에서는 붓끝을 세워 '회봉(回鋒)'을 한다.

첫 획은 번짐이 있겠지만 두 번째, 세 번째 획을 그을 때는 먹물이 없어 뻑뻑한 획의 느낌이 날 때까지 붓에 먹을 묻히지 않고 써본다. 그 후 다시 붓에 먹물을 묻힌다. 이렇게 획을 연습하면 먹물의 양에 따라 번짐과 갈필이 나오는 획의 연습을 함께 할 수 있다.

먹물의 번짐이 주는 포근하고 부드러운 느낌과 갈필이 주는 생동감을 느낄 수 있다. 까만 먹 속에 흰 종이가 드러나면 햇살을 받아 반짝이듯 단면의 선이 입체적으로 보이게 된다.

같은 방법으로 사각형 그리기를 연습해본다. 한글 자음의 'ㄱ', 'ㄴ', 'ㄷ'을 살펴보면 사각형 그리기에 세 가지 자형이 모두 들어 있다. 사각형 그리기에서 방향을 전환할 때 붓을 운용하는 방법을 익히는 것이 가장 중요한 부분이다.

방향을 바꿀 때 주의할 점은 붓대를 돌리면 안 된다는 것이다. 'ㄱ'을 쓰는 것은 가로획과 세로획 긋기를 이어서 쓰는 것이다. 가로획을 역입해 중봉으로 오던 붓끝을 회봉한 후 아래쪽으로 역입하면 붓끝의 방향을 세로획 긋기로 전환할 수 있다. 'ㄱ'의 세로획 끝에서 'ㄴ'의 가로획과 세로획을 이어서 쓰면 사각형 모양이 된다. 방향을 전환하는 방법은 붓을 세워 회봉한 후 진행 방향의 반대쪽으로 역입하고, 진행 방향으로 붓끝이 중앙에 오도록 획을 그으면 된다.

사각형 그리기가 익숙해지면 다음은 사각형 미로 그리기다. 사각형 미로 그리기는 붓을 접어 방향을 바꾸는 연습을 연이어 반복할 수 있고, 획과 다음 획의 간격을 일정하게 그릴 수 있다. 선과 공간의 배치를 함께 연습할 수 있는 장점이 있다.

 선 긋기 연습의 마지막은 원 그리기와 나선형 미로 그리기다. 원은 짧은 선의 연결이 지속되는 것이다. 붓의 방향을 계속 바꿔가면서 역입과 중봉을 자연스럽게 터득할 수 있는 획 연습이다. 나선형 미로 그리기에서는 획의 굵기와 공간의 간격을 생각하며 연습해본다.

기초 선 긋기

◎ 가로획 긋기

◎ 세로획 긋기

3-2
다양한 선 긋기

◎ 사각형 그리기

◎ 사각형 미로 그리기

◎ 원 그리기

◎ 나선형 미로 그리기

판 본 체 (版 本 體)

4

한글 창제 직후에 나온 〈훈민정음〉, 〈용비어천가〉 등 판본에 쓰인 글자를 기본으로 한 붓글씨의 글자꼴이다.

판본체는 한자의 전서나 예서의 획을 본받아 썼는데, 글씨의 특징을 살펴보면 획의 굵기가 일정하고 사각형에 가까운 특징을 가지고 있다. 이런 특징은 입문자가 획을 연습하고, 응용해서 한글을 쓰는 데 적합한 글자체다.

판본체의 특징을 살펴보면 사각형 안에 글자의 모양이 들어가 있다. 글자는 좌우대칭을 이룬다.

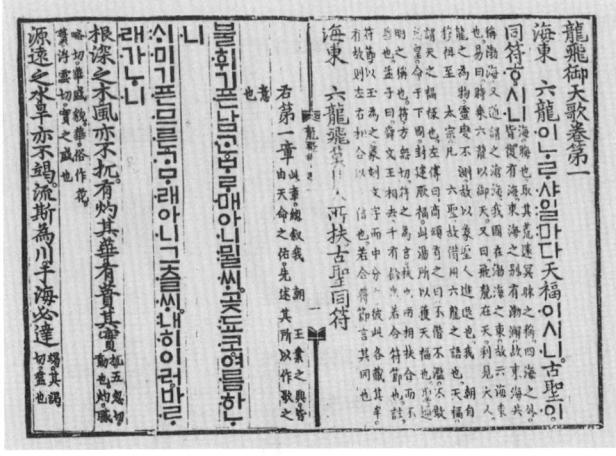

〈용비어천가〉

자음 쓰기

먼저 자음 쓰기를 알아보자. 'ㄱ', 'ㄴ', 'ㄷ', 'ㄹ', 'ㅁ', 'ㅂ'은 가로획과 세로획의 연결로 이루어진다. 'ㄷ'과 'ㄹ'을 쓸 때 주의할 점은 가로획(─) 아래쪽의 세로획(│)이 앞으로 나와 보이지 않게 안쪽에서 시작할 수 있도록 한다. 'ㅇ'을 쓸 때는 왼쪽 반원과 오른쪽 반원을 나누어 두 번에 쓰면 된다. 'ㅅ'은 좌우대칭을 맞춰 가로획을 사선으로 긋는 방법이다. 점이 있는 'ㅊ'과 'ㅎ'의 점은 획의 두께에 비례해 써본다.

모음 쓰기

모음 쓰기는 가로획과 세로획의 점으로 이뤄져 있다. 'ㅏ'는 세로획의 중심에서 가로획을 그어나간다. 주의할 점은 세로획 안쪽에서 겹쳐지게 가로획이 나갈 수 있도록 쓰는 것이다. 그 이유는 세로획과 가로획이 분리된 느낌을 피하기 위해서다. 'ㅑ', 'ㅕ', 'ㅛ', 'ㅠ'는 세로획과 가로획을 3등분했을 때 각각 3분의 1 지점과 3분의 2 지점에서 시작하도록 획의 위치를 균등하게 써보자.

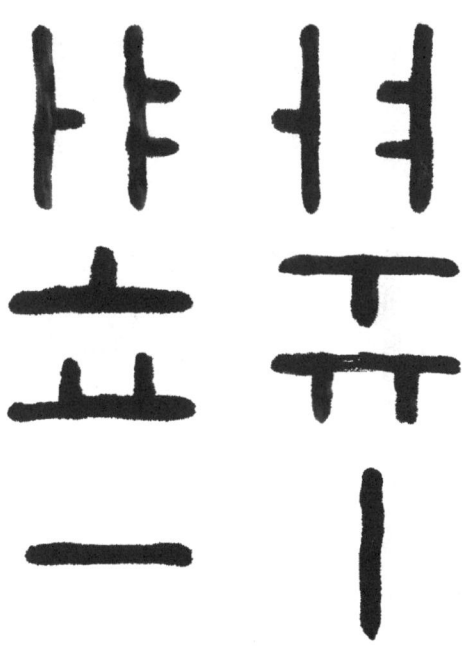

가 바 카
나 사 타
다 아 파
라 자 하
마 차

단어 쓰기

자음 쓰기와 모음 쓰기를 응용해 단어를 써보자. 단어 쓰기를 할 때는 선과 선의 위치와 공간을 보면서 쓴다. 글자가 많아지면 자간과 중심이 맞아야 통일감이 있다.

- **사랑** 'ㅅ'은 서로 대칭이 되게 쓰되, 직선보다는 중심이 배를 내밀듯 향세(向勢)로 쓰면 안정감이 있다. '랑'의 받침 'ㅇ'은 '라'의 중심에 위치하도록 쓴다.
- **행복** '복'은 받침이 있어 'ㅂ', 'ㅗ', 'ㄱ' 부분이 균등한 공간에 배치되도록 쓴다.
- **기쁨** 쌍자음인 'ㅃ'은 'ㅂ'을 쓰는 것과 동일하다. 두 글자가 들어가도록 공간의 크기만 조절하면 된다.

◎ 사랑, 행복

◎ 기쁨, 도전

기쁨
도전

4-4
글자의 표정 만들기

선 긋기와 단어 쓰기로, 기본 획을 바탕으로 한 글자나 두 글자의 단어를 선택해보자.

창작은 오랜 시간 붓을 잡아도 쉽지 않다. 그 이유는 자신의 생각을 얼마만큼 붓으로 표현해보았느냐가 좌우하기 때문이다. 결국은 시간과 도전을 통해 반복하는 방법뿐이다.

책에서 기억에 남는 문장이 있다면 그중에서 중심 단어를 골라보자.

'봄'이라는 단어를 골랐다면 단어에서 떠오르는 느낌을 떠올려본다. 이는 글자에 이미지를 입히는 것으로, 읽는 글씨를 넘어 보는 글씨를 써보자.

다시 봄, 바라봄, 흔들려도 다시 피는 봄….

이런 느낌을 글자에 어떻게 표현하고 싶은지 연필이나 볼펜 등 편한 필기구로 써본다. 글자의 조형이 완성되면 붓을 잡고 종이 위에 써본다.

한 번에 완성되는 경우는 드물다. 내가 쓴 글자의 조형을 보면서 부족한 부분이 무엇인지, 생각과 다르게 표현된 이유가 무엇인지 문제점을 파악해본다. 이런 과정을 반복하며 완성해보는 것이다.

처음에는 한 글자나 두 글자를 쓰며 연습해보고, 차츰 익숙해지면 글자 수를 늘려가는 것이 좋다. 글자 수가 많아지면 글자의 자간과 중심, 변화와 강조, 통일감 등 고려해야 할 요소가 늘어난다.

◎ 봄

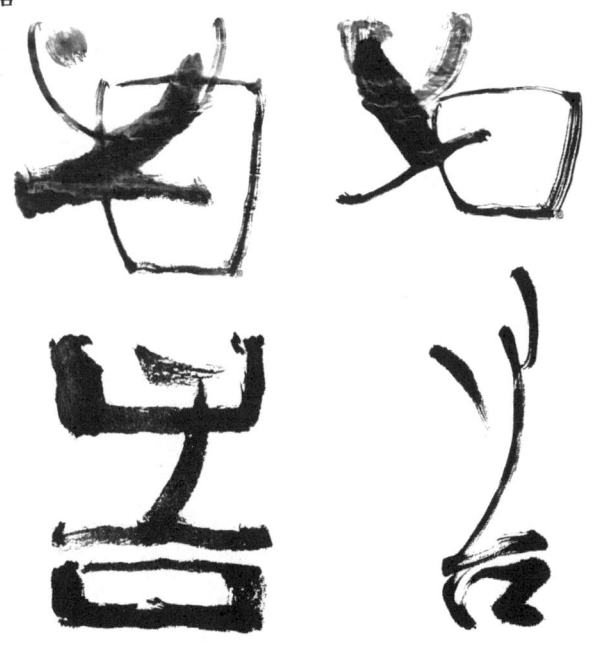

5 내가 쓴 글씨로 만든 엽서, 청첩장, 초대장

◎ **캔바·감성공장 툴을 이용한 모바일 엽서 & 초대장 만들기**

붓으로 쓴 내 글씨로 모바일 툴을 이용해 엽서나 초대장을 만들어보자. 앨범에 있는 사진을 사용해도 좋고, 핀터레스트에서 글귀와 어울리는 배경 사진을 골라도 좋다.

'캔바(Canva)' 사이트에 가입하면 무료로 엽서를 만들어볼 수 있다. 먼저 붓글씨로 쓴 글자를 사진 찍은 후 '누끼따기(remove.bg)'를 이용해 글씨의 배경을 제거한다.

캔바에 들어가면 포스트, 인스타그램 게시물, 초대장, 카드 등 다양한 크기의 템플릿이 있다. 그중 인스타그램 게시물을 선택해보자. 왕관 표시가 없는 템플릿은 무료로 사용할 수 있다. 글귀와 어울리는 템플릿을 선택했다면 클릭해본다. 카드에 들어 있는 글씨 부분을 삭제하고 갤러리 앱에서 누끼따기를 한 손 글씨를 합성하면 된다.

템플릿**(사진 1)**의 글자 부분을 누르면 상단에 아이콘들이 표시된다**(사진 2)**. 그중 세 번째 아이콘 '휴지통'을 누르면 삭제할 수 있는 기능이다. 기본 글자를 삭제한 후 하단의 아이콘 중 '카메라' 모양을 누르면**(사진 3)** 갤러리로 이동하고, 거기서 내가 쓴 글씨를 선택하면 템플릿에 합성할 수 있다.

템플릿을 완성하면 상단 오른쪽에서 두 번째 기능을 눌러 갤러리에 다운로드한다**(사진 3)**. 그런 다음 인스타그램 게시물, 카카오톡 새해 엽서, 생일 축하 카드, 휴대폰 배경 화면 등으로 다양하게 사용하면 된다.

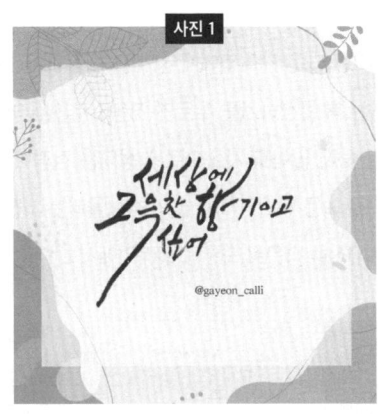

제7장 서예, 누구나 시작할 수 있는 법

'감성공장'은 우선 모드 선택에서 '캘리그라피', '배경사진 선택'을 차례로 클릭한다(**사진 1**). 그런 다음 '갤러리에서 선택'을 클릭해(**사진 2**) 내가 쓴 글씨를 갤러리에서 선택한 후 합성하기를 누르면 자동으로 만들어진다(**사진 3**). 배경 제거(누끼따기)를 하지 않아도 자동으로 합성되는 장점이 있다. 감성공장에 있는 다양한 사진을 이용해도 되지만, 글귀와 어울리는 사진을 찍거나 핀터레스트에서 원하는 사진을 다운로드한 뒤 갤러리에서 선택할 수도 있다.

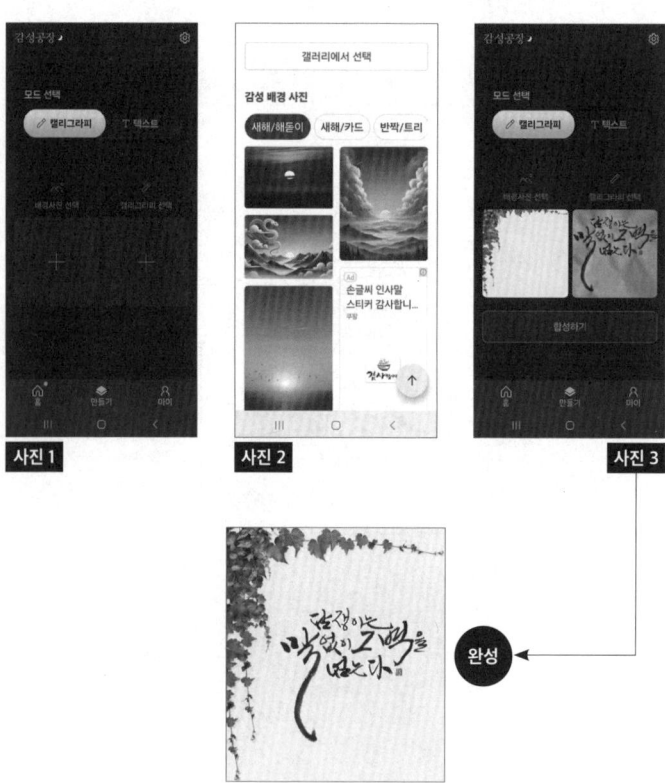

감성공장 앱에 들어가서 왼쪽 '배경사진 선택'을 클릭하면 주제별 배경을 선택할 수 있다. '겨울/눈', '하늘', '잔디/풀', '자연', '여름/바다' 등 글귀와 어울리는 배경을 고르고 오른쪽 캘리그라피를 클릭하면 다양한 손 글씨가 보인다. 상업적으로 이용할 것이 아니라면 얼마든지 사용할 수 있다. 미리 사진을 찍어놓은 글씨는 갤러리로 들어가 내가 쓴 글씨를 선택한 후 합성하기를 누른다. 글씨의 크기를 자유롭게 조절할 수 있어 배경 사진에 어울리는 적당한 크기로 맞추고 저장한다.

툴을 처음 사용할 경우 익숙해질 때까지 반복해 사용해본다. 그러다 보면 다른 툴도 비슷한 방법으로 쉽게 사용할 수 있다. 배경 사진을 고를 때는 글씨가 돋보일 수 있도록 배경색과 사진을 단순한 것으로 고르는 게 좋다.

● 전시 초대장   ● 청첩장

제7장 서예, 누구나 시작할 수 있는 법

하얀 꽃망울이 막 터지려는 가지 끝에 달빛이 걸려 있다. 봄비에 말갛게 씻겨 내린 대지 위로 새싹들의 옹알이가 들려온다.

봄이다.

글을 쓰기 시작한 계절도 봄이었다. 벚꽃이 날리던 봄날의 발걸음을 시작으로 여름, 가을, 겨울을 보내고 다시 봄을 맞이한다. 붓을 잡고 '봄'이라는 글자를 쓰다가 문득 겨울이 지나고 다시 돌아온 첫 계절, 봄을 맞으며 생각한다. 봄은 새 생명의 싹, 생동감 넘치는 자연을 보며 새로운 시선으로 삶을 바라보는 계절이 아닐까.

곡선을 그리며 하늘 위로 뻗어나간 가지 끝, 아주 작은 연둣빛 잎사귀가 반쯤 접힌 몸을 일으키며 기지개를 켠다. 문자향과 함께 걸어온 시간은 대지에 스며들어 이제야 온전히 봄을 맞이할 수 있게 해준다. 보이지 않는 터널을 걷기 시작했던 첫걸음 이

후 어제와 다른 나를 만나게 된다.

   선을 긋고, 선을 넘는 삶은 '나'를 넘어 새롭게 펼쳐질 세상으로 한 발 내딛는 용기와 도전이었다. 나 자신을 한정 짓던 경계의 선에서 이제 한 발 내디뎠을 뿐이다. 산책을 하듯 그 길을 매일 걷고, 달렸다. 그 길 위의 한 걸음 한 걸음은 나의 선이 되었다.

   문자향과 함께한 시간은 봄비처럼 나에게 젖어들었다.

   날 선 칼처럼 아찔한 장미 향으로,

   작열하는 태양 아래 땀을 식혀주는 잔잔한 연꽃 향으로,

   허공을 가르는 잎새는 무소의 뿔처럼 외로운 향기로,

   눈 덮인 대지는 걷는 대로 길이 되는 자유의 향기로.

   나와 발걸음을 함께한 당신에게도 문자의 향기가 깃들었기를….

디자이너 바이유
바이유(by.U)는 북 디자인을 하는 디자인 스튜디오입니다.

에디터 하순영
머메이드의 도서를 기획, 편집합니다. 머메이드는 독자의 마음에 울림이 남는 콘텐츠를 만듭니다.
◎ mermaid.jpub

© 2025. 이경화 All rights reserved.

1쇄 발행 2025년 7월 18일

지은이 이경화
펴낸이 장성두
펴낸곳 머메이드
※ 머메이드는 주식회사 제이펍의 단행본 브랜드입니다.

출판신고 2021년 8월 12일 제2021-000123호
주소 경기도 파주시 회동길 159 3층
전화 070-8201-9010
팩스 02-6280-0405
홈페이지 mermaidbooks.kr
독자문의 mermaid.jpub@gmail.com

소통기획부 김정준, 이상복, 안수정, 박재인, 박새미, 송영화, 김은미, 나준섭, 권유라
소통지원부 민지환, 이승환, 김정미, 서세원 / **디자인부** 이민숙, 최병찬

용지 에스에이치페이퍼 / **인쇄** 한승문화사 / **제본** 일진제책사
ISBN 979-11-990513-6-2 03810

값 16,800원

※ 이 책은 저작권법에 따라 보호를 받는 저작물이므로 무단 전재와 무단 복제를 금지하며,
  이 책 내용의 전부 또는 일부를 이용하려면 반드시 저작권자와 머메이드의 서면 동의를 받아야 합니다.
※ 잘못된 책은 구입하신 서점에서 바꾸어 드립니다.